Niels Matthiesen

Krise ohne Grenzen

Hintergründe und Kollateralschäden deutscher Flüchtlingspolitik

© 2017 Niels Matthiesen

Umschlaggestaltung, Illustration: Bild von Shotshop.com
Verlag: tredition GmbH, Hamburg

ISBN Paperback: 978-3-7345-9786-2 (Paperback)
ISBN Hardcover: 978-3-7345-9787-9 (Hardcover)
ISBN e-Book: 978-3-7345-9788-6 (e-Book)

Bibliografische Information der Deutschen Nationalbibliothek:
Die Deutsche Nationalbibliothek verzeichnet diese Publikation in der Deutschen Nationalbibliografie; detaillierte bibliografische Daten sind im Internet über http://dnb.d-nb.de abrufbar.

Inhalt

Vorwort

„Die Welt ist aus den Fugen." Dieses Zitat von Außenminister Frank-Walter Steinmeier wird wiederholt herangezogen, wenn Politiker und Journalisten versuchen, ihre Sorge über die politischen Zustände im Jahr 2016 zum Ausdruck zu bringen. Berechtigt sind diese Klagen allemal. Die Zustände sind an vielen Orten und in vielen Bereichen sehr beängstigend: Wirtschafts-, Finanz- und Eurokrise, Flüchtlingskrise. Krieg und Staatszerfall von der westafrikanischen Sahelzone bis an die Grenzen Chinas. Terrorismus zu Hause. Dazu Aufstreben der Populisten in Europa und Amerika. Erneute atomare Aufrüstung in den USA und Russland, dazu feindselige Rhetorik von beiden Seiten, die schlimmer ist als in Zeiten des Kalten Krieges. Es scheint tatsächlich so, als sei die Welt aus den Fugen geraten, als seien an die Stelle von Stabilität und Ordnung Chaos und Zerstörung getreten. Als habe die Staatengemeinschaft versagt und als gelte ab jetzt das Recht des Stärkeren. Menschenrechtsverletzungen, wie wir sie längst hinter uns glaubten, sind erneut an der Tagesordnung. Es ist, als lebten wir in einer permanenten und stetig wachsenden Dauerkrise, die unsere Gesellschaft zunehmend spaltet und unsere Demokratie gefährdet.

Seit dem Ende des Zweiten Weltkriegs waren nicht mehr so viele Menschen auf der Flucht wie 2015. Die UNO schätzte die Zahl der Heimatlosen, Flüchtlinge und Binnenvertriebenen Ende 2015 auf 65.3 Millionen. Insbesondere mit Blick auf die ungelösten Probleme Afrikas und des Nahen und Mittleren Ostens ist ein Sinken der Zahlen in naher Zukunft nicht zu erwarten. Im Gegenteil: Durch die hohen Flüchtlingszahlen droht die Destabilisierung derjenigen Staaten, die viele Geflüchtete aufgenommen haben, wobei gleichzeitig die Fluchtursachen in den Herkunftsländern nicht beseitigt sind. So hat etwa das kleine Land Libanon, das nur 4 Millionen Einwohner zählt, über eine Million syrischer Flüchtlinge aufgenommen, die das fragile Gleichgewicht in dem multikonfessionellen Land empfindlich stören.

Es stimmt also: *„Die Welt ist aus den Fugen"*. Eine Besserung ist nicht in Sicht. Allerdings schwingt bei dieser Aussage – egal ob sie von Politikern, Journalisten oder am Stammtisch getroffen wird - oft ein Unterton mit, der andeutet, dass die Schuldigen für die Misere klar seien: Syriens Diktator Assad und Russlands Präsident Putin seien die Kriegstreiber in Syrien. Osteuropa blockiere in der Flüchtlingskrise. Die wütenden, alten, ungebildeten, von Angst getriebenen weißen Männer seien die Wähler von Trump und die dummen, demokratieunerfahrenen Ossis diejenigen der AfD. Es ist genau dieser arrogante Unterton, den man tagtäglich in Zeitungen, Radio und Fernsehen von sogenannten Experten, Journalisten und Abgeordneten vernehmen kann. Die Welt ist aus den Fugen. Das liegt aber an den anderen. An dem Macho Putin, den tumben und rechtsradikalen Wutbürgern, dem Schlächter und Massenmörder Assad oder dem Chauvinisten Orban. Deutschland erscheint da wie ein Stabilitätsanker, eine Bastion der Humanität und Freiheit. Doch was ist der eigentliche Grund für die drängenden und ungelösten Probleme unserer Zeit? Was steckt wirklich hinter der Flüchtlingskrise und welche Verantwortung tragen wir vielleicht selbst an ihrer Entstehung?

Eines ist sicher: Mit Voreingenommenheit oder der überheblichen Einstellung, wir Deutsche hätten automatisch die Moral auf unserer Seite und alle anderen müssten nur genauso ethisch und human handeln wie wir, werden wir keines der aktuellen Probleme lösen. Genau diese Überheblichkeit ist es aber, für die Deutschland inner- wie außerhalb Europas neuerdings vermehrt kritisiert wird. Es ist eine Überheblichkeit, die dazu führt, dass wir nicht mehr unvoreingenommen an die Probleme herantreten. So wird unsere Analyse der Probleme getrübt und unsere Lösungsvorschläge werden entsprechend unrealistisch. Die Schuldigen scheinen noch dazu schnell gefunden. Und so wird Deutschland vom Motor der europäischen Integration zu einem Motor der europäischen Spaltung. Und viel mehr noch: Deutschland, das Land, das so großzügig die meisten Flüchtlinge aufgenommen hat, in dem so viele Ehrenamtliche sich für die Menschen in Not engagiert haben, wird selbst zur Fluchtursache Nummer Eins. Dieses Buch soll einen Anstoß bieten, über den Tellerrand zu blicken und eine alternative Sicht auf die in Deutschland von vielen Emotionen und moralischen Imperativen begleitete Flüchtlingskrise ermöglichen. Vielleicht kann das dazu beitragen, dass mehr Menschen die vermeintlich alternativlose Politik hinterfragen und für nachhaltige Lösungen eintreten – auch im Interesse der Menschen, die mit falschen Versprechen nach Deutschland gelockt wurden.

Versagen in der Flüchtlingskrise

"Solange ich nicht weiß, ob ich hier bleiben darf, weiß ich auch nicht, wie meine Zukunft sein wird. Ich würde so gerne in Deutschland studieren. Es ist ungerecht dabei zuzusehen, wie andere das Leben genießen können und man das selber nicht so machen kann". So drückte die 14-Jährige Palästinenserin Reem Sahwil am 15. Juli 2015 im Bürgerdialog mit Angela Merkel die Ungerechtigkeit aus, mit der so viele Geduldete in Deutschland leben müssen. Die quälende Ungewissheit. Zugleich Unverständnis über die scheinbare Willkür der Ausländerbehörden: Manche bekommen eine Aufenthaltserlaubnis, manche nicht. Das Gefühl der Ohnmacht und Ausgrenzung. Aber auch die Hoffnung auf ein besseres Leben. Die Hoffnung, studieren zu können und einmal erfolgreich zu sein.

Merkel reagierte sachlich und erklärte in kühlem Ton, dass man die Entscheidungen über Asylanträge derzeit beschleunige, dass aber auch nicht alle bleiben könnten, denn es gäbe da noch Tausende, die seit 25 Jahren in den palästinensischen Flüchtlingslagern im Libanon leben, Politik sei manchmal auch hart. Zitat Merkel: *„Wenn wir jetzt sagen, ihr könnt alle kommen, ihr könnt alle aus Afrika kommen und ihr könnt alle kommen, das können wir auch nicht schaffen."* Nachdem das Mädchen daraufhin in Tränen ausbrach und auch der Moderator mit seiner Bemerkung, Merkel solle sich das Gesicht des

Kindes merken, die Sache für die Kanzlerin nicht einfacher machte, blieb ihr nur noch der hilflose Versuch, Reem zu trösten. Die wenig empathisch wirkenden Trostworte: *„Was ist denn? Du hast das hier doch ganz toll gemacht!"*, ließen Merkel endgültig kaltherzig dastehen. Es folgte ein Shitstorm in den sozialen Netzwerken. Objektiv betrachtet hatte die Kanzlerin dabei eigentlich alles richtig gemacht. Gleiches Recht für alle. Was hätte sie tun sollen? Hätte sie beim Anblick des Kindes schwach werden und eine Gefühlsentscheidung treffen sollen und sich über die Sachprüfung, ob Schutzbedürftigkeit vorliegt, hinwegsetzen müssen? Und damit den Rechtsstaat außer Kraft setzen? Was wäre mit den Kindern, die es nicht in Merkels Bürgerdialog schaffen? Oder hätte das weinende Mädchen gar so sehr ihr Herz erweichen können, dass sie sich über die gerade selbst geäußerten Bedenken, wir könnten es nicht schaffen, wenn alle kämen, hätte hinwegsetzen sollen? Hätte sie sagen sollen, dass Deutschland keine (Ober-)Grenze für all diejenigen mit ähnlichen Beweggründen wie Reem mehr kennt und sie alle willkommen heißt. Hätte sie ihr durch den analytischen Blick der Physikerin inspiriertes *„Wir schaffen das nicht"* ändern sollen in ein naiv-emotionales *„Wir schaffen das"*?

„Refugees Welcome". Dieser Slogan war Ausdruck eines Gefühls, das kurz danach - zum Höhepunkt der Flüchtlingskrise im Herbst 2015 - tausende Menschen im Land bewegte. Viele Menschen begrüßten die ankommenden Flüchtlinge an den Bahnhöfen mit Applaus und Wilkommensgrüßen, unzählige Ehrenamtliche engagierten sich im ganzen Land und halfen bei Unterbringung und Versorgung der Asylsuchenden. Die Staatsführung nutzte diese Stimmung für die Eigenwerbung und ritt auf der Willkommenswelle mit. Rückblickend erscheint die gesamte deutsche Flüchtlingspolitik wie eine Kette von Bauchentscheidungen, wie ein Auf und Ab der Gefühle. Die Kanzlerin machte Selfies mit Asylbewerbern und Sigmar Gabriel hatte den Refugees-Welcome-Button der Bild-Zeitung während einer Bundestagsdebatte an sein Jacket geheftet. Wenige Monate später sprach ebendieser Gabriel dann infolge der Silvesternacht von Köln von der Notwendigkeit von viel mehr Abschiebungen, Merkel machte keine Selfies mehr und viele Menschen gingen plötzlich nicht mehr ohne Pfefferspray aus dem Haus. Bis in fast jede Familie hinein war Deutschland gespalten und es schwelte der Streit zwischen denen, die das Ende Deutschlands durch Rechtspopulismus nahen sahen und denen, die Deutschlands Zukunft durch die hohe Zahl muslimischer Einwanderer bedroht sahen. Mit etwas Abstand betrachtet war und ist die Debatte um die Flüchtlingskrise also eine emotionale Achterbahnfahrt. Entsprechend fahrig ist das Ergebnis der Flüchtlingspolitik: Die fehlerhafte oder ganz fehlende Ursachenanalyse führte zur widersprüchlichen und in ihrer Wirkung kontraproduktiven Kommunikation des Problems, welches bis heute auch nicht nachhaltig gelöst ist. Auch wenn es kurzfristig gelang, die Zahl der Ankommenden zu reduzieren, so ist dies weder hauptsächlich das Ergebnis deutscher Politik, noch Ausdruck dafür, dass das Problem in seinen Ursachen und Triebkräften gelöst wäre. Im Gegenteil: Unter der Oberfläche schwelt es in seiner vollen Triebkraft weiter, nur die Wucht, mit der es sich an der Oberfläche zeigt, wurde gedämpft.

Zielland Deutschland

Bevor der Krieg in Syrien sie zur Flucht zwang, war die 19-jährige Doaa eine ehrgeizige Schülerin. Dann floh sie mit ihrer Familie nach Ägypten, wo sie – ohne offizielle Arbeitserlaubnis – in prekären Verhältnissen lebte. Dennoch war sie hoffnungsvoll, denn gemeinsam mit ihrem Verlobten Bassem wollte sie in Europa ein neues Leben beginnen. Schließlich fassten sie den Entschluss, die Überfahrt zu wagen. Bassem zahlte den Schleppern 5000 Dollar und sie zwängten sich auf ein überfülltes Fischerboot. Am vierten Tag auf See begannen die Menschen an Bord an einer sicheren Ankunft zu zweifeln. Die Zweifel schlugen in blanke Angst um, als die Schmuggler sie zwangen, in ein verrostetes, seeuntaugliches Boot umzusteigen. Die Passagiere weigerten sich und schnell entstand ein lautstarker Streit mit den Schleppern. Letztere rammten daraufhin in ihrer Wut das Fischerboot, das innerhalb von Minuten kenterte und sank. Doaa hörte, wie Menschen schrien und weinten und sie sah, wie ein Kind vom Schiffspropeller in Stücke gerissen wurde. Um sie herum schwammen Leichen. Die Überlebenden kamen in Gruppen zusammen und beteten. In der folgenden Nacht verloren viele die Kräfte und ertranken. Einer von ihnen übergab Doaa kurz vor seinem Tod seine 9 Monate alte Enkelin Melek. Auch Bassem verließen bald die Kräfte und Doaa musste mit ansehen, wie er ertrank. Überwältigt von Trauer und Todesangst nahm Doaa an diesem Tag ein weiteres Kind auf. Die Mutter der 18 Monate alten Masa gab ihr das Mädchen in der Gewissheit, dass sie selbst nicht überleben würde. Nun war Doaa für zwei völlig erschöpfte Kinder zuständig. So trieben sie zusammen im Wasser und um sie herum war niemand mehr, nur noch Doaa und die Babies. Doaa sang für die Mädchen und erzählte ihnen Geschichten. Ein langer Tag verging, dann noch einer. Am vierten Tag im Wasser sah Doaa ein Handelsschiff. Zwei Stunden schrie sie um Hilfe, bis die Suchscheinwerfer des Schiffes sie fanden. Das zweite Baby, die 8 Monate alte Melek, starb noch an Bord des Handelsschiffes. Nur Doaa und Masa überlebten.

Die Geschichte von Doaa wurde später von der UN-

Flüchtlingshilfe als eine von zahlreichen Berichten der gefährlichen Überfahrt über das Mittelmeer veröffentlicht. Sie steht stellvertretend für das unermessliche Leid, die Angst und die Traumata, die tausende Flüchtlinge und Migranten täglich auf ihren Reisen mit ungewissem Ausgang durchleben müssen. Diese Geschichten werfen Fragen auf nach dem „Warum" und danach, wie es dazu kommen konnte. Wieso riskieren so viele Menschen die gefährliche Reise? Um eine Antwort zu finden, muss man den Blick richten auf die Herkunftsländer und die dortigen Zustände, aber auch und insbesondere auf das Ziel der meisten Flüchtlinge, auf Deutschland. Denn es waren und sind häufig Anreize und Hoffnungen, die aus Deutschland zu den Flüchtlingen gesendet werden und sie so zu dem endgültigen Schritt, die Überfahrt gerade jetzt zu wagen, ermutigen.

Es ist unbekannt, wie viele Flüchtlinge 2015/16 nach Deutschland einreisten. Für diejenigen Migranten, deren Ziel etwa Großbritannien, Dänemark oder Schweden ist, war auch Deutschland nur ein Transitland. Im EASY-Verfahren erfasst wurden allein 2015 1,1 Millionen. Registriert wurden schließlich etwa 480.000 Asylsuchende in 2015 und 725.000 in 2016. Somit war Deutschland das Hauptzielland in Europa. Unter den Flüchtlingen bilden junge Männer die Mehrheit. 2015 waren nur 31 Prozent der in Deutschland Asylsuchenden Frauen. 71 Prozent der Flüchtlinge waren unter 30 Jahren alt.

2015 kamen 70.000 Menschen als Ehepartner oder Kinder anerkannter Flüchtlinge im Rahmen des Familiennachzugs. In 2016 waren es 105.000. Im Jahr 2015 waren noch viele Migranten aus den Balkanländern unter den Ankommenden gewesen. Nachdem diese zu sicheren Herkunftsländern erklärt wurden und die Migranten somit keine Aussicht mehr auf einen Aufenthaltstitel haben konnten, sanken Zahlen der asylsuchenden Bosnier, Serben, Albaner und Mazedonier drastisch. 2016 waren fast die Hälfte der Menschen syrische, gefolgt von afghanischen, irakischen, iranischen, und eritreischen Staatsbürgern. Auch 14.000 Staatenlose und etwa je 15.000 Pakistaner und Nigerianer waren dabei. Etwa 70 Prozent aller nach Europa Geflüchteten waren (meist junge) Männer. Signifikant höher war dieser Männerüberschuss bei Flüchtlingen aus Syrien, Afghanistan, Somalia und Eritrea, während die Familien oft in der Hoffnung zurückblieben, später im Rahmen des Familiennachzugs ohne Risiko nachreisen zu können.

Unabhängig von der Herkunft wählten die meisten Migranten die Westbalkanroute. Sie erreichten die EU zunächst in Griechenland, dessen Außengrenze mit seinen zahlreichen Inseln schwer kontrollierbar ist. Nachdem sie von den Inseln auf das griechische Festland gebracht wurden, ließ das von der Staatsschuldenkrise stark lädierte Griechenland die Migranten ohne Registrierung weiter nach Norden reisen. In Mazedonien und

Serbien verließen sie dann wieder das Gebiet der EU und erreichten in Kroatien erneut die EU und in Ungarn oder Slowenien den Schengen-Raum. Insbesondere Ungarn nahm die mit dem Dublin-Abkommen verbundene Pflicht zur Registrierung der Migranten sehr ernst, was dazu führte, dass es zu dem EU-Land wurde, welches im Verhältnis zu seiner Einwohnerzahl die meisten Asylanträge verzeichnete. Allerdings waren die Schutzquoten, also die Anzahl der anerkannten Asylanträge und der damit verbundenen Aufenthaltstitel, in Ungarn extrem niedrig. Zu der niedrigen Zahl trug jedoch auch der Umstand bei, dass viele Flüchtlinge noch während der laufenden Verfahren Ungarn wieder verließen und weiter nach Norden zogen. Von Ungarn und Slowenien reisten sie dann über Österreich nach Deutschland. In den Transitländern bewegten sich die Flüchtlinge meist mit Bussen, Zügen oder Taxis. Die jeweiligen Staatsgrenzen wurden zu Fuß überschritten.

„Eine Situation wie die des Spätsommers 2015 kann, darf und soll sich nicht wiederholen." Nach ihren Beteuerungen, wir dürften unsere Werte nicht über Bord werfen und ihrem Credo: *„Wir schaffen das"* schlug die Bundeskanzlerin auf ihrer Nominierungsrede zum CDU-Vorsitz und zur Kanzlerkandidatur im Winter 2016 neue Töne an. Ungewiss bleibt vor allem mit Rückblick auf ihr langes und vehementes Werben für eine Willkommenspolitik während des Höhepunktes der Flücht-

lingskrise, ob dieser Sinneswandel wirklich das Ergebnis einer tieferen Erkenntnis war. Oder war es, so kurz nachdem die Wähler in den USA das Unglaubliche getan und mit der Trump-Wahl dem Establishment eine Absage erteilt hatten, nur die Sorge darum, selbst nicht wiedergewählt zu werden? Wieso wurde die Flüchtlingskrise der Bevölkerung zunächst als Riesenchance verkauft und nun als etwas, das sich niemals wiederholen darf, dargestellt? Hat die Kanzlerin ihren Fehler erkannt und eingestanden? Oder reitet sie nur immer noch auf derselben Gefühlswelle wie 2015, nur dass die Welle mittlerweile zurückgeschwappt ist? Viel bedeutender als die persönlichen Motive der Kanzlerin ist allerdings die Frage danach, wie diese Situation eigentlich entstanden ist.

Diese Wanderungsbewegungen quer durch Europa waren möglich geworden, da mit der im Herbst 2015 getroffenen Entscheidung der Bundeskanzlerin die deutschen Grenzen geöffnet und syrischen Flüchtlingen ein genereller Anspruch auf Asyl angedeutet worden waren. Eigentlich ist nach der EU-Verordnung 343/2003, dem sogenannten Dublin-II-Abkommen, derjenige EU-Mitgliedstaat für ein Asylverfahren zuständig, in dem der Flüchtling als erstes den Boden der EU betreten hat. Diese Regelung wurde vereinbart, um Wirtschaftsmigration und Asylmissbrauch zu begrenzen. Gleichzeitig soll die EU Asylsuchenden aber Schutz bieten. Nur sollen die Flüchtlinge eben nicht das Recht haben, sich ihr Wunschland auszusuchen. Mit ihrer Entscheidung, die Flüchtlinge, die am Budapester Bahnhof „festsaßen", über Österreich einreisen zu lassen, hatte Angela Merkel das Dublin-Verfahren für gescheitert erklärt, was zu Verfassungsbeschwerden von Juristen und zu dem Vorwurf führte, Merkel begehe Rechtsbruch. Die Bundeskanzlerin berief sich als Antwort auf diese Beschwerden wiederholt auf die in Artikel 1 des Grundgesetzes garantierte Würde des Menschen und auf die oberste staatliche Verpflichtung, diese zu schützen. Auf jeden Fall verbreitete sich die Nachricht, dass Deutschland seine Grenzen für Flüchtlinge geöffnet hatte, rasend schnell in den Flüchtlingslagern im Libanon, Jordanien und der Türkei, wo sich hunderttausende Flüchtlinge, die sich die teure Reise und die Dienste der Schlepper leisten konnten, auf den Weg machten. Der Flüchtlingsstrom schwoll innerhalb weniger Tage stark an und Deutschland wurde fast zum einzigen Zielland, nachdem Schweden rasch reagiert und seine Flüchtlingspolitik radikal geändert hatte. Die Situation verschlimmerte sich durch zahlreiche Äußerungen deutscher Regierungspolitiker, die als Einladung verstanden wurden und die Flucht beziehungsweise Migration zahlreicher Menschen im Nahen und Mittleren Osten und in den Maghreb-Staaten endgültig auslöste. Aussagen wie die, dass Deutschland Fachkräftemangel habe und motivierte Arbeitskräfte benötige, dass das Asylrecht keine Obergrenze kenne oder dass syrische Flüchtlinge ohne weitere Prüfung den Asylstatus erhielten, motivierten Abertausende perspektivlose Afghanen, Syrer, Iraker, Iraner, Nigerianer, Eritreer, Tunesier, Marokkaner und Pakistaner sich auf den Weg in das gelobte Deutschland zu machen. Dazu muss man wissen, dass Deutschland in diesen Ländern generell einen sehr guten Ruf genießt. Die sprichwörtliche deutsche Ordnung und Sicherheit sind Tugenden, um die wir in den konfessionell und sozial zerrütteten Staaten in Nahost und Nordafrika sehnsuchtsvoll beneidet werden. Hinzu kommt ein funktionierendes Sozialsystem, das den Asylsuchenden selbst im unsicheren Zustand der laufenden Antragstellung eine soziale Sicherheit bietet, die in der Heimat nicht existiert. Dabei kann vom Flüchtling natürlich nicht verlangt werden, dass er über die Finanzierung der deutschen Sozialsysteme informiert ist. Der Vorwurf an die Flüchtlinge, sie seien Schmarotzer, ist überzogen und nicht gerechtfertigt. In der Selbstwahrnehmung vieler Migranten ist das Angekommen-Sein in Deutschland zunächst ein persönlicher Aufstieg. Dass das Geld, wovon sie gezwungenermaßen nach ihrer Ankunft jahrelang abhängig sind, von der Solidargemeinschaft der Steuerzahler erwirtschaftet wurde, verstehen die meisten nicht. Neben der inneren und sozialen Sicherheit spielen die vergleichsweise guten Bleibeperspektiven und Berufschancen, Bildungsangebote, solidarisch finanzierte, für Bedürftige kostenlose Gesundheitsversorgung sowie die neuerdings auch mit Hilfe zahlreicher Ehrenamtlicher gegründeten Integrationskurse eine Rolle als sogenannte Pull-Faktoren.

„Niemand verlässt seine Heimat leichtfertig." Falls Merkel damit meinte, dass die Flüchtlinge alle in akuter Not sind, kann man diesen Satz ganz klar als falsch bezeichnen. Fakt ist, dass Nord- und Mitteleuropa und insbesondere Deutschland für eine Masse von mehreren hundert Millionen wanderungsbereiten Menschen ein Sehnsuchtsziel ist. Auf diese Zahl hat der renommierte Oxford-Professor, Ökonom und Migrationsforscher Paul Collier hingewiesen. Umfragen des Meinungsforschungsinstituts Gallup haben ergeben, dass in den Ländern südlich der Sahara rund ein Viertel aller Befragten gerne auswandern würden. Der Bevölkerungswissenschaftler Gunnar Heinsohn geht sogar von 600 Millionen Wanderungswilligen aus. Bleibt also die Frage, ob Merkel es nicht wusste oder aufgrund ihres Fehlers der Grenzöffnung die Wahrheit nur nicht eingestehen wollte. Fakt ist, dass ein ganzes Bündel von Gründen die Menschen zu uns führt. Es ist nicht immer Flucht und Vertreibung. Es sind wirtschaftliche Not, Perspektivlosigkeit und Umweltverschmutzung. Es sind der gute Ruf Deutschlands und die Aussicht auf soziale Unterstützung oder

vermeintlich kostenlose medizinische Behandlung. Es sind die Konsumtempel und die Vielfalt billiger Waren. Es sind die Selfies derjenigen, die hier bereits angekommen und Bilder aus den Glitzer- und Konsumtempeln nach Hause schicken. Es sind die Aussichten auf eine deutsche Aufenthaltsgenehmigung oder gar Staatsbürgerschaft, die mit ungeahnten Reisemöglichkeiten verbunden sind und in der Heimat als unglaublich begehrte Statussymbole gelten. Es sind die Ehefrauen und Mütter und Schwestern, die beim Blick auf die schönen Bilder aus der neuen Heimat zu ihren Männern, Söhnen und Brüdern sagen: *„Was machst du noch hier, dein Cousin hat es auch geschafft!"* Es sind die Verwandten, die bereits hier sind und den Neuankömmlingen Starthilfe für ein neues Leben geben können. Es sind die Mythen über ein Deutschland, das nach jungen, arbeitswilligen Menschen hungert und diesen sehr bald nach ihrer Ankunft ein Haus und ein Auto gibt. Es ist das Bewusstsein, mit dem man groß geworden ist, nämlich dass alle Waren und Produkte aus Europa - insbesondere aus Deutschland - stets eine viel bessere Qualität haben als die Waren und Produkte aus dem eigenen Land. Es ist der tägliche Verkehrsstau in der unkontrolliert gewachsenen Metropole. Es ist die Korruption in einem Staat, der mit den Folgen einer jahrzehntelangen Bevölkerungsexplosion zu kämpfen hat und Mühe hat, die Kontrolle über das gesamte Staatsgebiet aufrecht zu erhalten. Es ist der Frust über ein Gesellschaftsmodell, in dem viele junge Menschen sich gefangen fühlen und in dem Wertvorstellungen nicht an die Moderne angepasst wurden. Und es sind all diese Faktoren zusammen, die die Menschen tagtäglich mit dem Gedanken spielen lassen, alles zurück zu lassen und in Europa, in Deutschland ein neues Leben zu beginnen.

Im Herbst 2015 war es dann zusätzlich die Aussicht darauf, dass man es als Syrer besonders leicht haben wird, da Asyl und Aufenthaltstitel für syrische Staatsbürger garantiert seien. In den Armenvierteln der Großstädte von Tunesien und Marokko lernten junge Männer nun den syrischen Dialekt des Arabischen. Libanesen, Iraker und Nordafrikaner kauften sich in der Türkei syrische Pässe. Der IS hatte zuvor die Druckmaschinen und tausende Rohlinge der Pässe erbeutet und druckte diese nun gegen Geld. Selbst der niederländische Premier Mark Rutte wurde Syrer, nachdem ein holländischer Journalist auf ebendiesem Wege einen Pass auf Rutte ausstellen ließ – in nur 2 Tagen und für 750 Euro. Das Vortäuschen der syrischen Nationalität – mit oder ohne gefälschten Pass – wurde zu einem Massenphänomen. Etwa 40 Prozent aller über Griechenland eingereisten Marokkaner gaben sich 2015 als Syrer aus. Innenminister de Maizière gab zwar zu, dass die Bundesregierung keine belastbaren Zahlen über Täuschungen bei Staatsbürgerschaften habe, schätzte die Zahl der „falschen Syrer" aber auf etwa 30 Prozent all derer, die während der Einreise oder des Asylantrags angaben, Syrer zu sein. An dieser Zahl hielt er auch auf Nachfragen fest.

Merkels Willkommenspolitik selbst war zu einer Fluchtursache geworden. In einer globalen Gemengelage, in der keines der großen Schlüsselprobleme der Gegenwart auch nur annähernd gelöst war, hatte die Bundesregierung mit einem Handstreich die Grenzen für alle Leidenden geöffnet. Erschreckend mit anzusehen und anzuhören war die Ursachenanalyse zahlreicher deutscher Spitzenpolitiker, die das Problem auf vermeintliche Tyrannen und Despoten reduzierten und bis heute nicht begriffen haben, dass die Destabilisierung vieler Länder in Nahost und Afrika auch und vor allem die Folge einer Bevölkerungsexplosion ist. Genauer gesagt: In 30 oder 35 Jahren haben die Herkunftsländer der Flüchtlinge eine Verdreifachung oder gar Vervierfachung der Bevölkerungszahlen erlebt. Durch das rasante Bevölkerungswachstum ist in allen massiv von Abwanderung betroffenen Ländern ein Youth Bulge, eine riesige Blase an jungen Menschen entstanden, für die es keine Partizipationsmöglichkeiten im Arbeitsmarkt gibt. Bessere Bildung und globalisierte Medien haben in dieser Jugend Erwartungen geweckt, die aufgrund wirtschaftlicher Perspektivlosigkeit und staatlicher Gängelung enttäuscht wurden. Die

Probleme sind aber nicht nur dem Unwillen oder dem Demo-kratiedefizit der jeweiligen Regierungen geschuldet. Wenn bei jahrzehntelang sehr hohen Geburtenraten gleichzeitig die Kindersterblichkeit sinkt, dabei aber im gesamten Zeitraum kein nennenswertes Wirtschaftswachstum stattfindet, das den Nachgeborenen später eine Integration in den Arbeitsmarkt und in das Wirtschaftsleben ermöglichen könnte, entsteht irgendwann automatisch ein Problem. Die Bevölkerung Syriens beispielsweise ist von 3,4 Millionen 1950 auf 8,9 Millionen 1980 und auf über 20 Millionen im Jahr 2014 gewachsen. Irak hatte 1950 nur 5,7 Millionen Einwohner. 1980 waren es 13 Millionen, heute sind es 36 Millionen. Im Falle Afghanistans sind die Zahlen ähnlich, trotz Abwanderung und jahrelangen, verlustreichen kriegerischen Auseinandersetzungen. Auch heute verzeichnen viele der Herkunftsländer trotz bereits stattfindender Destabilisierung und verlustreichen Kriegen hohe Bevölkerungswachstumsraten. In Nigeria, einem der Hauptherkunftsländer, werden jedes Jahr 6 Millionen Kinder geboren. Das ist so viel wie in der gesamten Europäischen Union. Ende des Jahrhunderts wird jeder dritte Mensch in Afrika leben. Die Gesamtfruchtbarkeitsrate, also die mittlere endgültige Kinderzahl liegt im Irak und auch in Eritrea bei 4,2 Kindern pro Frau. In Afghanistan beträgt die Zahl 5,3. Zieht man zum Vergleich Deutschland heran, so lag die Zahl hier nach dem

Zweiten Weltkrieg nur von 1955 bis 1965 auf einem Niveau von über 2,1. Dieser Wert beschreibt die Nettoreproduktionsrate von 1, was wiederum bedeutet, dass die Bevölkerungszahl bei diesem Wert konstant bleibt. Sowohl vorher als auch nachher lag der Wert deutlich darunter. Heute liegt die Zahl bei 1,5, was bei uns für abnehmende Bevölkerungszahlen sorgt, wenn man die Zuwächse durch Migration heraus rechnet. Die Menschen, die heute in den arabischen Ländern aufbegehren und ihrer Heimat den Rücken kehren, sind die Baby-Boomer der Achtziger und Neunziger. Da die Fertilitätsraten in vielen Ländern des Vorderen Orients seitdem kaum gefallen sind, wächst die zweite Generation der Perspektivlosen längst heran. Noch drängt sie nicht auf den Arbeitsmarkt, aber zahlenmäßig übertrifft sie die Generation ihrer Eltern bereits um das Zweifache.

So ist die Flüchtlingskrise von 2015/16 nicht etwa – wie von Merkel, Oppermann oder Altmaier so oft behauptet – ein unvorhergesehenes, plötzliches Ereignis. Es stimmt auch nicht, dass es vergleichbar wäre mit den Fluchtbewegungen des Zweiten Weltkriegs, in denen Deutsche aus den vom damaligen Feind eroberten Ostgebieten mit nichts als ihren Kleidern am Leib unter härtesten Umständen und unter dauerhafter, akuter Bedrohung von Leib und Leben in das Kerngebiet Deutschlands flohen. Auch die Behauptung, die Wirtschaftsflüchtlinge flöhen vor absoluter Armut, ist eine Vereinfachung. Manche derer, die 2015/16 gekommen sind, besaßen die neuesten Smartphones und hatten erstaunlich stabile Internetverbindungen in die vermeintlich zerstörten Kriegsgebiete der Heimat. Es sind ja häufig gerade die gekommen, die sich die teuren Schlepper und Schleuser leisten konnten. Die Ärmsten blieben in den Flüchtlingslagern nahe der Heimat zurück. Der Innenminister selbst brachte sein Erstaunen zum Ausdruck, als er bemerkte, viele Flüchtlinge zögen das Taxi den öffentlichen Verkehrsmitteln vor und bewegten sich teils hunderte Kilometer via Taxi zur gewünschten Destination. Viele Wirtschaftsmigranten kommen eben nicht aus absoluter Armut, sondern um ihre Situation weiter zu verbessern, ihren Kindern bessere und kostenlose Bildung zu ermöglichen und für sich persönlich Chancen zu ergreifen. Auch das ist kein Verbrechen und nur allzu verständlich. Wer versucht nicht, für sich und seine Kinder Chancen zu ergreifen und die Zukunft zu sichern? Wie wir als Staat und Solidargemeinschaft aber auf diesen Wunsch hunderter Millionen Menschen reagieren, ist eine ganz andere Frage.

Fakt ist, dass die Flüchtlingskrise das Ergebnis eines ganzen Kaleidoskops von Problemen ist, die sich über Jahrzehnte angestaut und lange Zeit unter Oberfläche geschwelt haben und dies auch heute noch unvermindert tun. Die Menschen kommen aus den verschiedensten Gründen zu uns, und die Zahl derer, die den drängenden Wunsch verspüren, noch zu kommen, ist gewaltig und übersteigt unsere Möglichkeiten bei Weitem. Krieg und Vertreibung waren bei den Flüchtlingsströmen von 2015/2016 in keinem einzigen Fall die direkte Fluchtursache, denn die Menschen kamen alle aus sicheren Drittstaaten, was uns nach Artikel 16 GG auch rechtlich die Möglichkeit gegeben hätte, sie an den Grenzen abzuweisen. Dies geschieht mittlerweile auch wieder vermehrt. Natürlich sind oft Krieg und Vertreibung die ursprüngliche Fluchtursache, mit der die Heimatlosigkeit vieler vor Jahren begonnen hat. Aber nach Deutschland sind die allermeisten gekommen in der Hoffnung auf ein besseres Leben und nicht auf der Flucht vor Assads Fassbomben. Diese Flucht endete oft schon vor Jahren im Libanon, in Jordanien oder der Türkei. Hier fanden die Flüchtlinge Schutz, aber waren meist dauerhaft von den Hilfen des UNHCR und Welternährungsprogrammes abhängig und bekamen keine Arbeitserlaubnis. Anstatt sich stärker für den Aufbau von Schulen und Arbeitsmöglichkeiten in den Lagern zu engagieren und die Unterstützung für das Welternährungsprogramm hochzufahren, blieben wichtige Geberländer wie die USA, Großbritannien oder Deutschland untätig. Als der lediglich zu 41 Prozent finanzierte Hilfsplan des UNHCR für Syrien (Syrian Regional Refugee and Resilience) die Lebensmittelrationen 2015 dramatisch kürzen musste, löste dies verständlicherweise bei vielen Flüchtlingen den endgültigen Entschluss zum Aufbruch nach Europa aus.

Auch das im Zusammenhang mit der Grenzöffnung oft genannte Argument, Deutschland müsse doch human sein und denen helfen, die in wirtschaftlicher Not sind, und deshalb seine Grenzen geöffnet lassen, ist zwar gut gemeint, im Bezug auf seine Außenwirkung aber verantwortungslos. Es signalisiert eine Aufnahmebereitschaft, für die es weder eine materielle, noch eine juristische Grundlage gibt. Es vermischt Asyl mit ungesteuerter Einwanderung und ist letztlich ein falsches Versprechen an die Hundertmillionen, die auch gerne das Leben in Deutschland genießen würden. Es ist genau dieses Versprechen, das so viele angelockt hat und die endgültige Entscheidung, die gefährliche Reise jetzt anzutreten, hat treffen lassen. Gleichzeitig deuten bereits jetzt die verschärfte Rhetorik in Bezug auf geforderte Abschiebungen sowie die steigende Zahl tatsächlich durchgeführter Abschiebungen an, dass es eben *falsche* Versprechen waren. Gekommen sind nicht diejenigen, die in größter Not waren, sondern diejenigen, die finanziell und körperlich stark genug waren und noch dazu schnell genug, um der irgendwann notwendig werdenden Grenzschließung zuvorzukommen. Wie gerecht, wie moralisch ist es, dass während der Zeit der Willkommenspolitik alle Flüchtlinge ins Land gelassen wurden, mittlerweile aber diejenigen, die keine Papiere haben, wieder an den Grenzen abgewiesen werden? Gilt bei uns nicht gleiches Recht für alle? Oder gilt das Recht des Stärkeren, Reicheren, Schnelleren?

Der naive Versuch, die drängendsten Probleme der Welt in Deutschland zu lösen, führt nicht nur bei uns zu politischen Verwerfungen, er bedeutet auch für die Herkunftsländer ein Problem. Wenn eine große Zahl junger, kräftiger Männer die teilweise zerstörten Städte und Dörfer im Nahen Osten dauerhaft verlässt, wer soll diese dann wieder aufbauen? Wenn im Zuge der Flüchtlingskrise überwiegend Menschen aus Oberschicht und oberer Mittelschicht zu uns gekommen sind und die Ärmsten zurückbleiben, wer soll dann die Wirtschaft in der Heimat ankurbeln? Wenn gerade die jungen, von jugendlichem Freiheitsstreben getriebenen und durch moderne Medien sozialisierten Massen ihre Heimat verlassen, wer soll dann von innen Druck auf die autoritären und in der Vergangenheit verhafteten Gesellschaftsstrukturen ausüben, die wieder ihrerseits eine Fluchtursache sind?

Am Ende bleibt festzuhalten, dass die deutsche Willkommenspolitik, so gut sie gemeint sein mag, selbst eine der Fluchtursachen war, die die Menschen nach Deutschland trieb. Gleichzeitig wurde dadurch eine Kausalkette in Gang gesetzt, die ihrerseits in den Heimatländern weitere Fluchtursachen generierte und so das Problem noch verschlimmerte. Schließlich bedeutet Abwanderung auch immer einen Braindrain. Zugleich ist der Weggang der jungen, arbeitswilligen Menschen ein Sicherheitsventil für die schlechten Regime, da die Zurückbleibenden in der Regel die Ruhigeren, weniger Aufmüpfigeren sind. Nicht zuletzt wurden die Menschen durch die eher aus innenpolitischen Motiven (zur Bekämpfung des Rechtspopulismus) betriebene Kommunikation der Bundesregierung mit falschen Versprechen gelockt.

Erstaunlicherweise werden diese Zusammenhänge im Ausland viel stärker wahrgenommen als in Deutschland. So titelte etwa der britische Spectator: *„Merkels tragischer Fehler. Ihr Sirenenruf gefährdet das Leben von Flüchtlingen"*. Das Titelbild zeigt Merkel auf als Sirene auf einem Felsen am Mittelmeer, mit ihrem Gesang die Flüchtlinge anlockend, die vor ihr im Meer versinken. Auch der Migrationsforscher Collier kritisierte, dass die Kanzlerin die Flüchtlinge angelockt habe.

Merkel selbst erklärte ihre Sichtweise in der Anne-Will-Sendung vom 28. Februar 2016: *„Ich bin doch Bundeskanzlerin dafür, dass ich das, was auf Deutschland zukommt, löse. Mit anderen zusammen. Und den besten Weg, also sozusagen die ureigensten Interessen Deutschlands vertrete."* Auf die

Frage, was geschehen müsse, damit sie umsteuere, entgegnete sie: *„Ich sehe nichts, was das hervorrufen könnte, weil das alles gut durchdacht ist und ja auch logisch. Es zweifelt ja auch an dieser Logik keiner. Auch Horst Seehofer sagt : 'Ich wünsch dir Erfolg auf diesem Weg.' Leider glauben nur so viele nicht daran."* Und weiter: *„Und so, wie Europa ein Projekt von Brückenbauern ist, von Brücken, die damals nach dem Zweiten Weltkrieg... Damals haben die Erbfeinde – wie man es genannt hat - Deutschland und Frankreich zueinander gefunden. Und jetzt müssen wir Brücken bauen und uns um die Menschen kümmern, die in Not sind."* *„Ich bin sehr optimistisch, dass uns der europäische Weg gelingt. Es ist überhaupt nicht die Zeit, um an Alternativen zu denken. Ich habe keinen Plan B."*

„Nun, die Flüchtlinge sind nun mal hier. Vielleicht hat die Regierung einen Fehler gemacht. Man hat ja auch schon in vielen Bereichen gegengesteuert. Jetzt sollten wir nach vorne schauen und das Beste draus machen." Dieser Meinung kann, muss man aber nicht sein. Es macht durchaus Sinn, noch einen Blick auf die Kollateralschäden dieser Politik und insbesondere der sie begleitenden Kommunikation zu werfen. Während die deutsche Politik nicht müde wird zu behaupten, unvermittelt aufstrebende Rechtspopulisten würden Europa gefährden und die relativ jungen EU-Mitglieder Osteuropas seien Schuld an der ungelösten Flüchtlingskrise, sieht man es in Budapest, Warschau und Ljubljana ganz anders, sozusagen umgekehrt: Da das Ziel der überwältigenden Mehrzahl der Flüchtlinge Deutschland sei und Deutschland die Flüchtlinge durch offene Grenzen und Willkommenspolitik zu ihrer Reise ermutigt habe, sei die Flüchtlingskrise auch ein vorwiegend deutsches Problem. Die von Deutschland mit moralisch mahnendem Unterton wiederholt eingeforderte europäische Lösung sei daher auch nicht umsetzbar, da die Flüchtlinge nicht nach Ungarn oder Slowenien, sondern nach Deutschland wollten. Viele Fakten bestätigen diese Sichtweise: Tatsächlich versuchen sich viele Flüchtlinge einer Registrierung in den Staaten der Balkanroute oder auch in den südeuropäischen Staaten zu entziehen. Sichtbar wurde dies zum Beispiel im illegalen Lager von Idomeni. In dem griechischen Dorf an der Grenze zu Mazedonien waren im Frühjahr 2016 – nach der Schließung der Balkanroute – etwa 8000 Flüchtlinge gestrandet. Sie wollten weiter Richtung Norden, doch die Grenze zu Mazedonien war bereits geschlossen. An der Grenze kam es wiederholt zu brutalen Angriffen von Flüchtlingen auf mazedonische Grenzpolizisten, die Tränengas einsetzen mussten. Wohlgemerkt, die Flüchtlinge versuchten hier (teilweise gewaltsam) die EU auf ihrem Weg Richtung Norden wieder zu verlassen, denn Mazedonien ist kein EU-Mitglied. Die von griechischer Seite gestellten Forderungen an die Migranten, sie mögen sich in die extra errichteten Aufnahmezentren zur Registrierung und Stellung der Asylanträge begeben, verhallten ungehört. Erst, als das Lager durch einen Großeinsatz der griechischen Polizei geräumt wurde, bestiegen manche der Flüchtlinge die bereitgestellten Busse. Etwa jeder Zweite verließ das Camp auf eigene Faust und flüchtete weiter in die umliegenden Wälder oder in die Rastplätze und Hotels an der Autobahn nach Thessaloniki. Dort bildeten sich nach kurzer Zeit viele weitere kleine Lager. Viele Politiker der Transitländer fragten sich, warum Flüchtlinge, die angeblich nur auf der Suche nach Schutz vor Krieg und Terror waren, in Griechenland oder Ungarn Polizisten mit faustgroßen Steinen bewarfen und in ihren Unterkünften Feuer legten, um einer Registrierung zu entgehen und sich weiter nach Deutschland bewegen zu können. Wie konnte die deutsche Analyse, es handele sich um Kriegsflüchtlinge, die Schutz in Europa suchten, im Lichte dieser Tatsachen stimmen?

Auch in Bezug auf die mit der Flüchtlingswelle verbundenen sozialen und sicherheitspolitischen Fragen antizipierte man in Ungarn, Polen oder Österreich früher als in Deutschland, dass die Situation zu erheblichen Folgeproblemen führen würde. Zahlreiche europäische Regierungschefs ahnten früh, dass unkontrollierte Einwanderung in dieser Zahl zu wachsender

Konkurrenz auf bereits zuvor angespannten Wohnungs- und Arbeitsmärkten führen würde. Viele ahnten, dass die Sicherheitslage im Inneren sich entgegen zahlreicher Beteuerungen aus Politik und Medien eben doch verschlechtern könnte, da mit der Einwanderungswelle auch Islamisten ins Land kommen konnten. Diese Sichtweise ist weder rechts noch unmoralisch. Und sie war und ist außerhalb Deutschlands recht weit verbreitet. Auch in Deutschland hat man nach den bitteren Erfahrungen der Kölner Silvesternacht und den tödlichen Anschlägen in Ansbach, Würzburg und Berlin eigentlich dazugelernt. Dennoch hält sich hartnäckig die deutsche Ansicht, die Visegrád-Staaten seien der Bremsklotz in der europäischen Flüchtlingspolitik. Dennoch betont man weiterhin stur, nur eine Verteilung der Flüchtlinge nach Quoten könne die Lösung der Flüchtlingskrise bedeuten. Dennoch behauptet man weiter trotzig, die Ablehnung der Quotenregelung durch die osteuropäischen Staaten sei rechtspopulistisch und unmoralisch.

So wird zunehmend deutlich, dass Deutschland hier einen Sonderweg beschreitet, der für Europa zerstörerisch wirkt und daheim wie in den Herkunftsländern der Flüchtlinge erhebliche Probleme verursacht. Für viele Europäer unerträglich ist dabei der Ton, in dem Mitglieder der Regierungsparteien Schuldzuweisungen etwa an den Ministerpräsidenten Ungarns

richten oder britische Brexit-Befürworter als Krisenverant-
wortliche verunglimpfen. Ungarns Regierungschef Orban
bezeichnete die deutsche Politik in der Flüchtlingskrise im
Herbst 2015 treffend als „moralischen Imperialismus". Vom
hohen Thron der Moral herab werden die Gegner der Quotenregelung als Rechtspopulisten, von unrealistischen Ängsten
Getriebene oder sozial abgehängte Hinterwäldler beschimpft.
Tatsache ist, dass es den Brexit und die Spaltung Europas ohne
die deutsche Flüchtlingspolitik nicht gegeben hätte. In mehreren Umfragen gaben Befragte an, dass der unkontrollierte
Flüchtlingsstrom und die von Deutschland geforderten Quoten
ein Grund für ihr Brexit-Votum seien. Fakt ist auch, dass Merkel für ihr europäisches Lösungsmodell der Krise so gut wie
keine Unterstützung der anderen europäischen Regierungen
mehr erfährt.

Deutsche Sonderwege

Besondere Brisanz erhält der deutsche Sonderweg, wenn man
sich in Erinnerung ruft, dass noch 1990 die damaligen Premi-
ers Frankreichs und Großbritanniens ihre Sorge zum Ausdruck
brachten, dass Deutschland nach der Wiedervereinigung wieder eine Stärke erlangen könnte, die für Europa zerstörerisch
sein könnte. Wer sind die Deutschen? Haben sie sich verändert? Oder wird ein wiedervereinigtes Deutschland Osteuropa

beherrschen? Um diese Fragen ging es am 25. März 1990 bei einer Konferenz auf dem Landsitz der britischen Premierministerin, zu dem britische und amerikanische Historiker geladen waren. Das Protokoll liest sich in Teilen wie eine Sammlung von Stereotypen aus der kriegerischen Vergangenheit: Die deutschen seien unsensibel gegenüber ihren Nachbarn, vor allem den Polen gegenüber, sie litten unter einem Minderwertigkeitskomplex, wollten aber gleichzeitig geliebt werden. Die Aussagen lassen aber auch in überraschender Klarheit Parallelen zum deutschen Verhalten in der Flüchtlingskrise durchscheinen. Wiederholt wurden Polen und andere Länder Osteuropas wegen ihrer Einstellung in der Flüchtlingsproblematik aus Deutschland heraus gemaßregelt und gerügt. Auch die schwierige gemeinsame Geschichte des deutschen Überfalls auf Polen und des auf osteuropäischem Boden von Deutschen begangenen Genozids schien deutsche Politiker dabei nicht zu einem gemäßigten Ton zu veranlassen. Andererseits scheint die Willkommenspolitik doch auch etwas mit der Vergangenheit zu tun zu haben und ein spezifisch deutscher Versuch zu sein, „geliebt" zu werden. Befremdlich erscheinen die Motive all derer, die es nicht einmal schaffen, Weihnachten mit der engsten Familie zusammenzukommen oder den nächsten Verwandten, ja den eigenen Kindern im stressigen Alltag unter die Arme zu greifen, gleichzeitig aber in ihrer Freizeit neuerdings einen Flüchtling betreuen. Ohne das wirklich lobenswerte, ja bewundernswert selbstlose ehrenamtliche Engagement vieler, vieler Menschen im Lande geringschätzen zu wollen, drängt sich doch der Eindruck auf, dass bei der spezifisch deutschen Reaktion auf die Flüchtlingswelle psychologische Mechanismen am Werk waren, die mit historischen Komplexen zu tun haben. „Refugees Welcome" als eine Art Wiedergutmachung. Die Antwort auf die später einmal von den eigenen Enkeln zu stellende Frage: *„Oma, Opa, was habt ihr damals eigentlich gemacht."* Auf jeden Fall ist es bemerkenswert, wie gut die in der Flüchtlingskrise aus Deutschland gesendeten Signale zu dem Bild passen, das die europäischen Siegermächte auch 45 Jahre nach dem Krieg noch von Deutschland hatten: Die Deutschen hätten einen Minderwertigkeitskomplex und sie wollten geliebt werden. Mitterand bemerkte gegenüber Thatcher in Straßburg, Helmut Kohl habe kein Gespür für die Empfindsamkeiten der anderen. Diese Bedenken befeuerten Thatchers Bedenken weiter, dass Deutschland wieder zu mächtig und so zu einem destabilisierenden Faktor werden könnte. Thatchers Sorgen gipfelten in ihrem später von Kohl scharf kritisierten Ausbruch: *„Zweimal haben wir sie geschlagen, und nun kommen sie schon wieder."* Nur mit erheblichen Bedenken stimmten Thatcher und Mitterand schließlich der Vereinigung zu, nachdem die US-

Regierung Druck ausgeübt hatte. Auch wenn die Äußerungen insbesondere Thatchers heute übertrieben scheinen, so erinnern sie doch an die im Rest Europas nach wie vor vorhandenen Sorgen vor einem zu starken, die restlichen Europäer dominierenden Deutschland. Der von einem moralisch überheblichen Ton und von Vorwürfen und Forderungen an die anderen begleitete Sonderweg Deutschlands in der Flüchtlingskrise wird diese Sorgen sicher nicht geringer werden lassen.

Die Kommunikation aus Berlin war noch auf weiteren Ebenen problematisch. Die falschen Versprechungen an die Flüchtlinge entstanden durch zahlreiche unbedachte, eigentlich innenpolitisch zur Abwehr des Rechtspopulismus getätigte Aussagen deutscher Spitzenpolitiker. Doch auch der Aufnahmegesellschaft wurden falsche Versprechen gemacht: Die zahlreichen Hinweise aus der CDU, der SPD sowie von den Grünen, die Krise böte vor allem auch Chancen für Deutschland und sei gewinnbringend im Sinne einer Reduktion der durch den demographischen Wandel verursachten Anpassungskosten, sind mittlerweile durch Zahlen, Daten und Fakten widerlegt. Im Februar 2016 schätzte das Kölner Institut der deutschen Wirtschaft die allein durch Unterbringung und Integrationskurse für den Steuerzahler entstehenden Kosten bis 2017 auf 50 Milliarden Euro. Der Bund stellt bis 2020 rund 94 Milliarden Euro für die Flüchtlinge bereit. Bereits 2016 konnte

Schäuble seine schwarze Null nur deshalb einhalten, weil er auf eine Rücklage von 12 Milliarden Euro aus dem Vorjahr zurückgreifen konnte. Gerade weil in Deutschland die überhebliche Ansicht, wir lebten in einem sehr reichen Land und müssten allein deshalb schon helfen, weit verbreitet ist, sollte doch nicht vergessen werden, dass Deutschland mit über zweitausendmilliarden Euro verschuldet ist und diese Verschuldung sich (dank schwarzer Null und Negativzinsen auf deutsche Staatsanleihen) nur sehr langsam verringert. Wir sind also ein wirtschaftsstarkes Land, gleichzeitig aber zu fast 80 Prozent unserer Wirtschaftsleistung verschuldet. Folglich leben wir vor allem in einem hoch verschuldeten Land. Die Kosten, die durch unsere heute getroffenen Entscheidungen entstehen, müssen zukünftige Generationen tragen. *Reich* ist unser Land nicht. Unsere Wirtschaft ist stark, aber diese Stärke ist weder naturgegeben noch vom Himmel gefallen. Sie ist vielmehr das Ergebnis einer gut gewachsenen Industrie, die auch heute noch getragen wird durch die tagtäglich geleistete Arbeit der Menschen im Land.

Unsere sozialen Sicherungssysteme sind national organisiert und basieren auf der Bereitschaft zur Solidarität der Bevölkerung. Diese Solidarität ist keineswegs eine rein altruistische, sondern wird gestützt durch die Erkenntnis, dass die Solidargemeinschaft eben eine Gemeinschaft ist, die sich unter dem

Strich für alle Mitglieder positiv auswirkt. Dafür muss sie aber begrenzt bleiben. Findet permanente Einwanderung in dieses System statt, verschiebt sich irgendwann die Kosten-Nutzen-Rechnung insbesondere für diejenigen, die in das System einzahlen, sodass früher oder später die Grenzen von Zustimmung und Solidarität erreicht werden. Natürlich sind alle Flüchtlinge angesichts der Tatsache, dass sie anfangs weder Sprache und Gebräuche kennen noch arbeiten dürfen, zunächst auf Sozialleistungen angewiesen. Viele werden es Jahrzehnte lang bleiben, denn sie sind eben doch nicht die versprochenen, gut ausgebildeten Fachkräfte, und auch unser Arbeitsmarkt wird vielen keine Partizipationsmöglichkeiten bieten können.

Es gibt also nicht nur *die eine* moralische Politik, und überhaupt sollte Moral nicht das Leitmotiv für Politik sein. Wie wirkt es auf andere Europäer, die durch die unkontrollierte Einwanderung im Zuge der deutschen Willkommenspolitik auch als Transitländer stark betroffen sind, wenn ihnen unmoralisches Handeln, Rassismus und Populismus vorgeworfen und sie als Ursache des Problems diskreditiert werden, obgleich aus ihrer Sicht Deutschland der Verursacher ist? Und wenn renommierte Wissenschaftler ihre Sichtweise dann noch stützen? Welchen Eindruck macht es, dass Merkel die Errichtung von Zäunen und Grenzsicherungsanlagen in Mazedonien, Ungarn oder Österreich als *„nicht hilfreich"* brandmarkt, gleichzeitig aber behauptet, das Ziel der Bundesregierung, die Flüchtlingszahlen zu reduzieren, sei erreicht. Tatsächlich sind erst mit der Schließung der Balkanroute ebendiese Zahlen dramatisch zurückgegangen. Wie wirkt das auf die Politiker und Bürger in Ungarn oder Mazedonien? Wie fühlt es sich an, wenn man sich um die auch in Deutschland oft geforderte Sicherung der EU-Außengrenze (Ungarn hat eine 151 Km lange Grenze zu Serbien, das kein EU-Mitglied ist) und die Registrierung der Ankommenden bemüht, sich somit um die Durchsetzung europäischen Rechts, das durch Deutschland außer Kraft gesetzt wurde, kümmert, und gleichzeitig ranghohe Politiker in Deutschland wiederholt mit Verweis auf die dunklen Kräfte der Vergangenheit mahnen, man wolle keine Zäune in Europa. Was denken diejenigen, die durch die Schließung der Balkanroute den Flüchtlingsstrom zumindest vorübergehend stoppen konnten, wenn die deutschen Vertreter einer Willkommenspolitik sich immer noch offen verwahren gegen diejenigen, die *„heute in Europa wieder Zäune und Mauern errichten"*? Und was bringt uns in Deutschland so eine Politik und so eine Kommunikation, wo wir im Herzen von Europa doch so sehr auf die Zusammenarbeit und den Zusammenhalt in der EU angewiesen sind? Jenseits von vermeintlicher Moral und Schuldzuweisungen: Inwiefern dient diese Politik eigentlich unseren objektiven Interessen? Sind es die aus dem Nichts entstandenen Rechtspopulisten, die Europa spalten? Oder ist es eine Politik, die es versäumt hat, die wahren Triebkräfte hinter den aktuellen Entwicklungen zu identifizieren? Ist es eine Politik, die auf der Suche nach Schuldigen das Projekt Europa und die Zukunft der EU als Raum der Freiheit, der Sicherheit und des Rechts schwer beschädigt hat?

Chaos im Nahen Osten

Unabhängig von der europäischen Debatte besteht parteiübergreifend und grenzüberschreitend Einigkeit darin, dass Fluchtursachen bekämpft werden müssen. Merkel selbst hat wiederholt die Bekämpfung der Fluchtursachen als wichtigste Säule ihrer Politik bezeichnet. Abgesehen davon, dass, wie gesagt, die Signale und Willkommenspolitik der Bundesregierung selbst eine Fluchtursache darstellten, lohnt ein Blick auf die anderen Fluchtursachen. Wo beginnt die Flucht der Menschen, die am Ende bei uns Asyl ersuchen? Auch hier besteht bei einer Antwort Einigkeit: Die instabile Lage im Nahen Osten und insbesondere der Krieg in Syrien und im Irak sind Auslöser dafür, das Millionen Menschen ihre Heimat verlassen müssen. Für die *„Bekämpfung der Fluchtursachen"*, einer der Eckpfeiler Merkelscher Flüchtlingspolitik, muss der Blick daher auf die Kriege im Irak und Syrien und auf die anderen instabilen Staaten der Region gerichtet werden.

Irak

Am 2. August 1990 begann mit der irakischen Eroberung Kuwaits der Zweite Golfkrieg. Zuvor hatte der Irak, Wiege der menschlichen Zivilisation und Erfindungsstätte der ersten Keilschrift, sich in dem acht Jahre dauernden und für beide Seiten verlustreichen Ersten Golfkrieg gegen den Iran mit 462 Milliarden US-Dollar verschuldet. Während Deutschland zu dieser Verschuldung lediglich durch den Verkauf von 46 Hubschraubern und 100 Flugabwehrraketensystemen an den Irak beitrug, hatten insbesondere die USA beiden Seiten in erheblichem Umfang Waffensysteme verkauft. Wie niederträchtig sind die Interessen derjenigen, die einen Krieg mit bis zu einer Million Toten durch Waffenverkäufe an beide Seiten befeuern? Durch die Unterstützung insbesondere der USA wurde der Konflikt, der 1982 durch erfolgreiche iranische Gegenoffensiven kurz vor einem Ende gestanden hatte, um 6 Jahre bis zum ergebnislosen Ende 1988 verlängert. In dem Konflikt wurden Kindersoldaten und Giftgas eingesetzt. Der Irak war für sein Giftgasprogramm seit 1975 auch von deutschen Unternehmen mit 1000 Tonnen Grundsubstanzen zur Herstellung von Senfgas, Tabun und Sarin beliefert worden. Westdeutsche Firmen hatten in al-Muthanna zudem eine Chemiefabrik unter dem Deckmantel der Pestizidproduktion errichtet. Nach dem Ende des Krieges hatte sich der ursprüngliche Grenzverlauf nicht geändert, beide Staaten hatten den Krieg verloren. Seine hohe Verschuldung versuchte Saddam Hussein nun durch den Zugriff auf die zahlreichen Ölquellen Kuwaits zu kompensieren. Der endgültige Entschluss zum Einmarsch in das kleine Nachbarland wurde durch eine Kombination verschiedener Faktoren begünstigt. Der Ölpreis war aufgrund der Überproduktion Kuwaits und der Emirate auf unter 10 Dollar je Barrel gefallen, was Iraks Einnahmen aus dem Ölexport erheblich schmälerte. Die Grenze zwischen Irak und Kuwait war von den damaligen Kolonialmächten gezeichnet und vom Irak nie offiziell anerkannt worden. Beide Staaten befanden sich zudem nach dem Krieg im Streit um das gemeinsam genutzte Ölfeld Rumaila, welches Kuwait weit über die vereinbarte Quote hinaus nutzte. Kuwait war damals neben Saudi-Arabien der wichtigste Öllieferant der Amerikaner. Bagdad hatte bereits seinen Willen zum Einmarsch angedeutet, als die damalige US-Botschafterin im Irak, April Glaspie, gegenüber der irakischen Regierung signalisierte, dass die USA in dieser Sache „keine Haltung" hätten. Saddam Hussein rechnete daher damit, die Amerikaner würden ihn möglicherweise gewähren lassen. Außerdem sah er keinen anderen Ausweg aus der Schuldenfalle und besetzte schließlich das kleine Kuwait, um selbst zum größten Ölexporteur zu werden. Die irakische Invasion rief dann aber doch die USA auf den Plan, die in ihrer nach dem Ende des Kalten Krieges neu gefundenen Rolle als

Weltpolizist auftraten und dem Irak ein Ultimatum für den Rückzug stellten. Um sich für das militärische Vorgehen gegen den Irak breite Zustimmung zu sichern, brauchte die Regierung die Zustimmung von Senat und Repräsentantenhaus. Diese erhielt sie, nachdem die von der kuwaitischen Regierung beauftragte US-Werbeangentur Hill&Knowlton die Brutkastenlüge erfunden hatte: Die Tochter des kuwaitischen Botschafters erzählte als angebliche Krankenschwester weinend vor dem Menschenrechtsausschuss des US Kongresses die Geschichte von irakischen Soldaten, die kuwaitische Frühgeborene aus Brutkästen gerissen und auf dem Boden getötet hätten. Die Wahrheit, nämlich dass die Geschichte frei erfunden war, kam erst später ans Licht. Die Kampfhandlungen begannen am 16. Januar 1991 und endeten am 12. April, was zugleich das offizielle Kriegsende war. Auf den Krieg folgten Wirtschaftssanktionen, durch die laut UNICEF die Kindersterblichkeit in dem Land um 90.000 Fälle pro Jahr anstieg. Es war aber weniger die erhöhte Kindersterblichkeit als der Wunsch nach einem „Regime-Change", der die Amerikaner 2003 erneut zur Invasion Iraks verleitete. Diesmal fand der Krieg ohne entsprechende UN-Resolution statt und war damit völkerrechtswidrig. Das damals rot-grün regierte Deutschland unterstützte den Feldzug nicht. Der Krieg forderte etwa 4400 Tote aufseiten amerikanischer Soldaten und etwa 10.000 tote irakische Soldaten und Polizisten sowie etwa 100.000 tote irakische Zivilisten. Die von den USA geführte „Koalition der Willigen" verschoss im Laufe des Krieges 2000 Tonnen panzerbrechender, radioaktiver Uranmunition, wodurch Leukämie und andere Krebsarten seitdem um das Zwanzigfache gestiegen sind und eine stark erhöhte Zahl von Missbildungen bei Kindern gemessen wurde. Ferner verwendete die US-Armee Brandbomben des Typs MK-77, die die gleiche verheerende Wirkung entfalten wie das im Vietnamkrieg verwendete Napalm.

An die Stelle des vor seiner offiziell verordneten Dämonisierung vielfach vom Westen unterstützten Despoten Saddam Hussein trat nun ein Machtvakuum, welches noch zusätzlich durch die hastig und dilettantisch aufgebaute Nachkriegsordnung unterfüttert wurde. Minderheiten, die Jahrtausende wechselvoller Geschichte im Land überdauert hatten, drohte von nun an die Ausrottung. Die christliche Minderheit, die seit 2000 Jahren in dem Land beheimatet ist, ist von 1,2 Millionen noch im Jahr 2003 auf weniger als 250.000 Mitglieder geschrumpft. Einer der größten Fehler der Besatzungsmacht USA, die sich über das fragile konfessionelle Gleichgewicht in dem Land ahnungslos zeigten, war die Zerschlagung des gesamten irakischen Militärs. Auf einen Schlag standen 250.000 gut ausgebildete Männer, denen die Armee mindestens Lohn und Brot, oft aber auch Karriere und Ansehen beschert hatte, ohne Beschäftigung auf der Straße. Das Prinzip der Demokratie auf bloße Herrschaft der Mehrheit verkürzend, installierten die Amerikaner ein schiitisches Marionettenregime, das alsbald Rache an der alten sunnitischen Herrschaftsriege übte. Die erniedrigten und ohne Beschäftigung dastehenden, noch zudem durch die Kriegserfahrung traumatisierten Sunniten gingen zahlreich in den gewaltsamen Widerstand und taten so ihr Übriges zur Destabilisierung des Landes, die bis heute andauert.

Aus dem irakischen Widerstand gegen die Besatzung entstand 2007 der sogenannte Islamische Staat. Die Besetzung des Landes dauerte bis 2011 an, also entstand die Organisation noch in einer Zeit, in der der Irak unter US-Aufsicht geführt und verwaltet wurde. Nahezu die gesamte Führungsspitze der Organisation war vor der Zeit im IS im Camp Bucca interniert, einem US-Gefangenenlager nahe der irakischen Stadt Umm Qasr. Mittlerweile zählt die Terrormiliz zehntausende Mitglieder, kontrolliert große Gebiete in Syrien, Irak und Libyen, wo sie für Menschenrechtsverbrechen, Zerstörung von Kulturgut und Menschheitserbe, Sklaverei und tausendfachen sexuellen Missbrauch verantwortlich gemacht werden.

Zusammengefasst lässt sich für den Irak feststellen, dass unsere amerikanischen Freunde und Verbündeten dieses Land durch eine jahrzehntelange, auf Lügen basierende Politik der militärischen Einmischung verwüstet haben. Deutschland ist in dieser Politik teilweise als Waffenexporteur aufgetreten. Am Irakkrieg hat sich die damalige Regierung Schröder lobenswerterweise nicht beteiligt. Die damalige Oppositionsführerin Merkel hatte sich aber offen dafür ausgesprochen und den Kanzler für den Bruch mit den USA scharf kritisiert. Wenn diese als heutige Bundeskanzlerin fordert, zuallererst müsse man Fluchtursachen bekämpfen, so klingt das im Lichte der Vergangenheit wenig glaubwürdig und wenig kompetent.

Afghanistan

Die jüngere Geschichte Afghanistans ist ein Musterbeispiel für die Interventionspolitik der Großmächte. Das liegt an der geostrategisch wichtigen Lage des Landes. Bei der Ausbeutung der Energieressourcen Zentralasiens kommt Afghanistan besondere Bedeutung als Energietransitland zu. Nachdem der damalige Präsident der Afghanischen Republik Mohammed Daoud Khan seit 1977 das Land durch seine Einheitspartei mit harter Hand regiert und jeden Widerstand massiv unterdrückt hatte, putschten kommunistische Militärs am 27.April 1978 gegen sein Regime. In der Folge dieses als „Sawr-Revolution" bezeichneten Staatsstreichs wurde die Demokratische Republik Afghanistan ausgerufen, die – anders als ihr Name vermuten lässt – genauso wenig demokratisch war wie die Republik Afghanistan. Die Kommunisten betrieben eine Politik des radikalen Umbruchs in Form einer Boden- und Bildungsreform, den sie mit staatlichem Terror flankierten. Die Umstrukturierungen der Besitzverhältnisse in der Landwirtschaft und die Säkularisierungsoffensive im Bildungswesen riefen Aufstände und Unruhen hervor. Diese wurden angefeuert und finanziert durch die CIA, denn die von dem neuen Präsidenten Taraki betriebene Annäherung an den Ostblock war den Amerikanern ein Dorn im Auge. Angesichts einer zunehmenden Destabilisierung weiter Landesteile bat Taraki die Sowjetunion mehrmals um Militärhilfe, die im Dezember 1979 schließlich intervenierte. Aus Sicht der Amerikaner, die ihre Reaktion auf das Vordringen des Kommunismus mit der Domino-Theorie und der Eisenhower-Doktrin bereits 1954 verkündet hatten, drohte Afghanistan nun endgültig an die Sowjetunion zu fallen. Ein Glücksfall schien da das amerikanische Bündnis mit Saudi-Arabien. Gemeinsam beschloss man den Dschihad gegen die sowjetischen Besatzer in Afghanistan. Riad und Washington trainierten und finanzierten dafür die Mujaheddin, islamistische Gotteskrieger, die teils aus Afghanistan stammten und teils als Söldner aus verschiedensten Teilen der islamisch-arabischen Welt über Pakistan nach Afghanistan einströmten. Zwar war das bipolare System des Kalten Krieges ein anderes als heute, aber der Vergleich zum ab 2011 wütenden Syrienkrieg drängt sich in manchen Teilen durchaus auf: Säkulare Regierung bittet Russen um Militärhilfe, die durch direktes Engagement gewährt wird. Unterstützung der anderen Seite durch die USA und Saudi-Arabien, die islamistische Rebellen versorgen. Destabilisierung des Landes als Folge. Energietransportwege als strategisch wichtiger Kriegsgrund. Allerdings enden hier vorerst die Gemeinsamkeiten, da die Geschichte in Afghanistan noch hollywoodreife Wendepunkte zu bieten hat. Kontrolliert und organisiert wurden die Mujaheddin, deren Name von dem Begriff Dschihad stammt, aus dem pakistanischen Peshawar. Ein reicher saudischer Staatsbürger namens Osama Bin Laden hatte dort seit 1986 Ausbildungslager und Stützpunkte für die Dschihadisten errichtet. Finanziell und militärisch unterstützt wurde er dabei auch vom CIA und amerikanischen Militärberatern. Bin Ladens Organisation wurde bald so groß, dass sie einen Namen brauchte. Da die Kämpfer in Peshawar registriert wurden, schien „Basisregister" – arabisch Al Quaida – sehr passend. Al Quaida war die erste Organisation, die einen internationalen Dschihad organisierte. Al Quaida ist tatsächlich die „Basis" für alle nachfolgenden derartigen Gruppen – auch der IS ist eine Nachfolgeorganisation der irakischen Al Quaida. Dass die

Amerikaner Geister gerufen hatten, die sich später gegen sie wenden würden, hätte man angesichts der Ideologie der Dschihadisten auch damals schon ahnen können. Priorität hatte aber der Kampf gegen das Evil Empire, und dafür waren die furchtlosen Glaubenskrieger bestens geeignet. Demoralisiert durch den aussichtslosen Kampf und die unberechenbaren, überall drohenden Selbstmordattentäter der Mujaheddin, zogen die Sowjets zwischen Mai 1988 und Februar 1989 endgültig ab. Das Land zerfiel in der Folge entlang ethnischer und konfessioneller Bruchlinien und stolperte von Bürgerkrieg zu Bürgerkrieg. 1994 entstand auf dem ideologischen und sozialen Trümmerhaufen Afghanistans die Bewegung der Taliban, Flüchtlinge und Religionsschüler aus den von Washington und Riad mitfinanzierten Koranschulen Pakistans. Sie errichteten ab 1996 eine Schreckensherrschaft im Land, das nach Jahrzehnten des Krieges mittlerweile zu den LDCs, zu den am wenigsten entwickelten Ländern der Erde, zählte. Allerdings lag es nach wie vor strategisch wichtig. Nach dem Zerfall der Sowjetunion hatten US-Ölfirmen wie Chevron, Unocal und Mobil Konzessionen für die jüngst entdeckten, riesigen Ölvorkommen in Kasachstan und Turkmenistan erworben. Das Problem dabei war nur die fehlende Möglichkeit, das Öl sicher und günstig abzutransportieren, um es auf dem Weltmarkt anbieten zu können. Das russische Pipelinenetz wollten die

Amerikaner ebenso wenig nutzen wie den Landweg über den Iran zum Persischen Golf. Die Lösung wäre der Bau von Pipelines in Richtung Süden, von Kasachstan über Turkmenistan und Afghanistan, durch Pakistan an den Indischen Ozean. Bei dem Plan spielten aber die Taliban nicht so recht mit, und außerdem herrschte in Afghanistan auch immer noch Bürgerkrieg. Daher begann die US-Regierung unter Clinton bereits Ende der neunziger Jahre den Umsturz der Taliban zu planen. Es fehlte nur noch ein überzeugender Anlass für einen Krieg.

Nachdem man nach den Anschlägen vom 11. September 2001 Osama Bin Laden als Urheber identifizierte und dessen Basis in Afghanistan vermutet wurde, griffen die Vereinigten Staaten und ihre Verbündeten das Land mit Marschflugkörpern, Kampfflugzeugen und Langstreckenbombern an. Völkerrechtlich war der Einsatz nicht legitimiert, ebenso wie auch die Entscheidung der US-Regierung, die Taliban als ungesetzliche Kombattanten zu betrachten, für die das Kriegsrecht im Rahmen des humanitären Völkerrechts nach dem Haager Abkommen und der Genfer Konvention nicht gilt. Die USA beriefen sich jedoch auf eine Sicherheitsratsresolution, die das Recht zur Selbstverteidigung nach einem Angriff hervorhob. Die Bundesrepublik unterstützte diese Art der Argumentation und beteiligte sich auch unter NATO-Führung an dem als Operation Enduring Freedom bezeichneten Krieg. Bis heute ist die

Bundeswehr im Rahmen des ISAF-Mandats in dem Land stationiert. Afghanistan ist ein typisches Beispiel für einen Failed State, denn durch Jahrzehnte des Hasses, der Menschenrechtsverbrechen und der allgegenwärtigen kriegerischen oder staatlich-repressiven Gewalt wurde jede Grundlage auf eine friedliche Entwicklung nachhaltig zerstört. Die Taliban sind heute - über 15 Jahre nach ihrem Sturz 2001 - in vielen Landesteilen wieder auf dem Vormarsch. Ein Ende des Bundeswehreinsatzes ist nicht in Sicht. Insofern ist Afghanistan auch ein Beispiel für die Erfolglosigkeit militärischer Interventionen, auch wenn die Bundeswehr seit dem Ende des Krieges für bestimmte Landesteile durchaus eine stabilisierende Funktion erfüllt. Nichtsdestotrotz wirken die Verwüstungen der an kurzfristigen Eigeninteressen orientierten Großmächte bis heute nach. Afghanistan hat über 30 Millionen Einwohner, von denen 42 Prozent jünger als 15 Jahre sind. Das BIP, also die Wirtschaftsleistung, beträgt pro Kopf 590 US-Dollar. Zum Vergleich: Das BIP pro Kopf liegt in Deutschland bei 40.996 US-Dollar. Miserable Sicherheitslage, Unterentwicklung, Bevölkerungsexplosion, kein funktionierendes Gesundheitssystem, rudimentäres Bildungssystem, strenge und überkommene gesellschaftliche Konventionen. In Afghanistan kommt das ganze Bündel der Push-Faktoren zusammen, das besonders die jungen Menschen, die das Land so bräuchte, in die Migration treibt. Und Afghanistan ist einmal mehr ein Beispiel für die rücksichtslose, gedankenlos und mutwillig herbeigeführte Zerstörung eines Staates durch unsere amerikanischen Freunde und Verbündete, denen wir tatkräftig dabei geholfen haben.

Syrien

Noch verheerender als der Afghanistan- und der Irakkrieg und aktuell auch bedeutender als Fluchtursache ist der Krieg in Syrien. Das Land, ein Schmelztiegel der Kulturen, unendlich bedeutender Schauplatz christlicher und islamischer Frühgeschichte, Herberge für unwiederbringliches Weltkulturerbe, ist heute in weiten Teilen zerstört. Von den 22 Millionen Syrern ist etwa die Hälfte auf der Flucht, etwa 6 Millionen davon außerhalb Syriens; mindestens 5 Millionen Syrer sind Binnenflüchtlinge. Die geschätzten Opferzahlen schwanken zwischen 400.000 und 500.000. Wie konnte es so weit kommen?

Auch hier gehen die Sichtweisen auseinander. Zuerst die Sicht westlicher Politiker und Medien: Bashar al-Assad, der despotische Diktator Syriens, führt seit den friedlichen demokratischen Protesten im Rahmen des arabischen Frühlings 2011 einen erbarmungslosen Krieg gegen die eigene Bevölkerung. Dabei belagert seine Armee Städte und Dörfer, in denen die Rebellen ausharren. Er lässt die Zivilbevölkerung aushungern und tötet wahllos die eigene Bevölkerung mit Fassbomben und chemischen Waffen. Unterstützt wird er dabei von dem chauvinistischen starken Mann Russlands, Vladimir Putin, Ex KGB-Funktionär, der Russland wieder zu einer Großmacht machen möchte. Putin bombardiert wahllos syrische Städte, ja verwandelt ganz Syrien in Schutt und Asche. Warum greift der Westen hier nicht ein? In der Tat ist dies der Vorwurf, den wir uns machen müssen. Wir sind zu zaghaft gewesen und haben den Schlächtern Assad und Putin das Feld überlassen.

Genau diese Geschichte wird in den etablierten Medien von zahlreichen vermeintlichen Experten und deutschen Spitzenpolitikern aus den warmen Sesseln bei Anne Will und Günther Jauch wieder und wieder verbreitet. Kennen diese Leute eigentlich die Situation und Hintergründe vor Ort? Oder verbreiten sie nur aus dem Bauch heraus moralische Appelle und schön klingende Friedensbotschaften? Wiederholen sie womöglich nur treudoof das, was sie zuvor selbst andere sogenannte Experten und Politiker in den Talkshows der Republik haben sagen hören? Wie kann es sein, dass sich derart offenkundige Fehlwahrnehmungen und Falschdarstellungen so lange und hartnäckig in der öffentlichen Meinung aufrechterhalten? Fällt Ihnen als Leser nicht bereits die logische Widersprüchlichkeit dieser Erzählung auf? Wie kann es sein, dass ein Präsident, der mittlerweile sechs Jahre lang einen Krieg gegen das eigene Volk führt, breite Unterstützung aus der

Bevölkerung und aus allen konfessionellen Splittergruppen des Landes erhält? Wie kann ein Präsident Gebiete aushungern, über die seine Truppen keine Kontrolle haben, die aber ausreichend mit schweren Waffen beliefert werden, um tagtäglich auf die von der Regierung kontrollierten Gebiete zu feuern? Wie können überhaupt die angeblich gemäßigten Rebellen sechs Jahre lang einen erhebliche militärische Ressourcen fordernden Krieg gegen den Diktator führen, ohne an ihre finanziellen oder militärischen Kapazitätsgrenzen zu stoßen? Wie sind aus den friedlichen Demonstranten damals eigentlich schwer bewaffnete Kämpfer geworden?

Sunniten, Schiiten, Alawiten

Syrien ist ein multikonfessioneller und multiethnischer Staat mit 22 Millionen Einwohnern. 90 Prozent der Syrer sind ethnische Araber, daneben gibt es Kurden, Armenier, Turkmenen und Tscherkessen. Rund 65 Prozent der Bevölkerung bekennt sich zum sunnitischen Islam, daneben gibt es 12 Prozent Alawiten und 10 Prozent Christen, 2 Prozent Drusen sowie Jesiden und einige Juden. In dem gegenwärtigen Konflikt hat sich insbesondere die Feindschaft zwischen sunnitisch-orthodoxen und schiitischen beziehungsweise mit den Schiiten konfessionell verwandten alawitischen Muslimen zu einer Konfliktlinie entwickelt. Beide Konfessionen streiten seit Mohammeds Tod um die Nachfolge des Propheten und die damit verbundene rechtgeleitete Auslegung des Islam.

Für die Schiiten war die Nachfolge zwingend mit einer Blutsverwandtschaft Mohammeds mit dem Nachfolger verbunden. Nur Ali, Mohammeds Schwiegersohn und Cousin, konnte in ihren Augen Kalif und somit politisches Oberhaupt der Gemeinschaft werden. Die Schiiten entstanden als „Schia Ali", als Partei Alis. Die vor Ali aus der Gemeinschaft gewählten drei Kalifen Abu Bakr, Omar und Othman erkannten sie nicht an.

Die heutigen Sunniten stellen den Zweig dar, der von Abu Bakr gegründet wurde. Für sie gehören Abu Bakr, Omar und Othman daher zu den rechtgeleiteten Kalifen. Der Führungsstreit entzweite beide Gruppen endgültig, als der zu den Sunniten gehörige Omayyaden-Kalif Yazid den Prophetenenkel Hussein, der von den Schiiten als Nachfolger erkoren worden war, in der Schlacht bei Kerbela am 10. Oktober 680 unserer Zeitrechnung ermordete, um seine Herrschaft über das Kalifat zu sichern. Um Hussein entwickelte sich ein bis heute andauernder Totenkult; der Schlacht von Kerbela wird in den schiitischen Pilgerorten des Iran und Irak mit alljährlichen Prozessionen und Passionsspielen gedacht. So wird auch das Gedenken daran aufrechterhalten, dass der Enkel des Propheten und damit rechtmäßige Nachfolger von seinen Feinden, den heutigen Sunniten, verraten und ermordet wurde. Für die Schiiten steht die Schlacht von Kerbela stellvertretend für den Kampf Gut gegen Böse, David gegen Goliath, Unterdrückte gegen Unterdrücker. Die Sunniten hingegen betrachten die Verehrung von Ali und Hussein und den damit verbundenen Märtyrer- und Totenkult mit Argwohn. Insbesondere die sunnitische Betonung eines strikten Monotheismus verbietet die Verehrung und Vergötterung von Menschen oder Verstorbenen. Somit betrachten orthodoxe Sunniten die Schiiten oft als vom wahren Islam abgefallene Häretiker. Als besonders ketzerisch erscheinen ihnen dabei die Alawiten. Deren praktizierte Verehrung Alis, des Schwiegersohnes und Cousins von Mohammed, betrachten sie als Götzendienst. Für die Alawiten ist Ali noch wichtiger als Mohammed, da Gott sich ihm am reinsten offenbart habe. Gott habe Ali – so glauben die Alawiten – über den Koran hinaus geheime religiöse Botschaften mitgeteilt. Mit ihrem Glauben an Gott, Mohammed und Ali glauben die Alawiten an eine Art Dreifaltigkeit Gottes, was für viele Sunniten endgültig unislamisch ist. Noch mehr als die Schiiten gelten also die Alawiten vielen Sunniten als Ketzer. Dies gilt insbesondere deshalb, weil sie den Kalifen Ali als eine menschgewordene Erscheinungsform Gottes verehren, ähnlich wie die Christen dies mit Jesus tun.

Baschar al-Assad ist Alawit und regiert das Land als Staatspräsident seit dem Jahr 2000. Gleichzeitig leitet er die Ara-
bisch-Sozialistische Baath-Partei Syriens, die im Kern säkular
ausgerichtet ist. Er hat beide Ämter von seinem Vater über-
nommen, der 1970 Staatspräsident geworden war. Die moderne Einstellung Assads wird beim Blick auf die Familienver-
hältnisse sichtbar: Assads Ehefrau Asma al-Assad ist Sunnitin,
die allerdings kein Kopftuch trägt. Die in Großbritannien auf-
gewachsene First Lady studierte einst am King's College in
London Informatik, arbeitete danach als Investmentbankerin
und spielt heute eine sehr aktive Rolle in der syrischen Politik
und Gesellschaft. Durch die Ehe über konfessionelle Gräben
hinweg können sich die Assads als Gegner herrschender Konventionen präsentieren und bestehende Vorurteile korrigieren.

Ein zentraler Kritikpunkt insbesondere westlicher Beobachter
ist die stark auf Mitglieder der alawitischen Konfession kon-
zentrierte Herrschaft in Syrien. Da das Land von einer Gruppe
regiert werde, die lediglich 12 Prozent der Bevölkerung aus-
macht, sei das System gezwungenermaßen undemokratisch
und das Regime despotisch. Bereits hier findet sich das erste
scheinbare Argument für die westliche Parteinahme gegen
Assad. Die tatsächlichen Zusammenhänge sind allerdings
komplizierter. Wie kam es dazu, dass die Alawiten die Macht
in Syrien übernahmen? Welche politische Agenda verfolgt die

syrische Regierung, und welche Alternativen gibt es zu dem gegenwärtigen System? Beobachter, die sich ein fundiertes Urteil bilden wollen, müssen diese Fragen stellen. Und um sie zu beantworten, muss ein Blick in die Entstehungsgeschichte der Alawiten unternommen werden.

Begründet wurde die Gemeinschaft Mitte des 9. Jahrhunderts, also etwa 200 Jahre nach dem Tod Mohammeds, von dem schiitischen Theologen und Ismailiten Mohammed Ibn Nusair. Letzterer zog sich - nachdem er sich von sunnitischen Fürsten im Irak zunehmend bedroht sah - mit seinen Anhängern in das unwegsame Bergland im Norden Syriens zurück. Hier konnte sich die Sekte sicher fühlen vor Verfolgungen und hier entwickelte sie über Jahrhunderte immer stärker ein eigenständiges Glaubensleben. Während des Spätmittelalters breiteten die Alawiten sich weit in das anatolische Bergland hinein aus. Hier entstand eine sich von dem syrischen Zweig unterscheidende Glaubensausrichtung, sodass sich die türkischen Aleviten mit den syrischen Alawiten nicht gleichsetzen lassen. Dennoch sind die Gemeinsamkeiten größer als die Unterschiede und bis heute sind beide Gruppen sowohl in der Türkei als auch in Syrien wegen ihres „unislamischen" Glaubens besonders für orthodoxe Sunniten eine Provokation geblieben. Dabei stören sich die Sunniten auch an Äußerlichkeiten, die nicht den Kern des Glaubens betreffen. So halten die Alawiten das traditionelle Gebetsritual der Muslime für unbedeutend; wie oder wie oft gebetet wird, entscheidet der Alawit selbst. Das Gebet muss von Herzen kommen und muss sich nicht an Vorgaben orientieren. Auch muss das Gebet nicht unbedingt in einer Moschee verrichtet werden. Die meisten Alawiten beten oft zuhause oder irgendwo im Freien und besuchen die Moschee nur gelegentlich. All diese Abweichungen vom „wahren Islam" gelten vielen Sunniten bis heute als unislamisch.

Durch die ständige Bedrohung und das Bewusstsein, einer Minderheit anzugehören, spielten die Alawiten und Aleviten aber auch bereits früh politisch eine Rolle. In der Türkei führten sie Aufstände an und schwächten die sunnitische Osmanenherrschaft, wo sie konnten, um den eigenen Freiheitsspielraum zu erweitern. Nach der Gründung der Republik durch Atatürk traten sie entschiedener als andere für eine Trennung von Staat und Religion und für die Errichtung eines säkularen Staates ein. Ohne die massive Unterstützung der Aleviten hatte Atatürk seine Reformen wohl nicht durchsetzen können. Bis heute sind es in der Türkei die Aleviten, die am entschiedensten die Ideale eines säkularen Staates verteidigen, auch gegen die autoritären Bestrebungen Erdogans. Entschieden lehnen sie jeden Versuch ab, den Islam zur Staatsreligion zu erheben, wohl wissend, dass dies für Aleviten und Schiiten eine erneute Unterdrückung bedeuten würde.

Auch in Syrien zeigten die mit den türkischen Aleviten eng verwandten Alawiten früh großes Interesse für die Idee eines säkularen Staates. Obwohl oder gerade weil sie Jahrhunderte lang als religiöse Randgruppe bedroht und unterdrückt worden waren, gewannen sie nach Beginn der französischen Kolonialherrschaft stark an Einfluss in der Modernisierungsbewegung. Die Franzosen unterstützten die Alawiten bei ihrem Aufstieg und ermöglichten ihnen Zugang zu guter Schulbildung und Aufstiegsmöglichkeiten beim Militär. Insbesondere das syrische Militär wurde so bald zahlenmäßig von ihnen dominiert, auch deshalb, weil sie zu arm waren, um sich vom Militärdienst freizukaufen. Da sie die Mehrheit der Soldaten stellten, konnten sie 1963 erstmals putschen. In der damaligen Regierung war Hafiz al-Assad, Vater von Baschar, Verteidigungsminister, während die Ämter des Staatspräsidenten und Ministerpräsidenten noch mit Sunniten besetzt waren. Ein erneuter Putsch brachte dann 1970 Hafiz al-Assad an die Macht. Dieser sicherte seine Macht, indem er rasch einen Machtapparat installierte, in dem die zentralen Schaltstellen von Alawiten aus dem Stamm der Matawirah bedient wurden. Nun waren die wichtigsten Entscheidungsträger nicht nur wie Assad selbst Alawiten, sondern stammten auch noch alle aus der gleichen Geburtsstadt. So wird an der Herrschaft Hafiz al-Assads deutlich, was für den gesamten Nahen Osten bis heute gilt: Die meisten Staatsbürger fühlen sich nicht nur als „Syrer", „Iraker" oder „Libanesen", sondern auch und vor allem als Sunniten, Schiiten, Christen, Alawiten oder Drusen. Assad konnte, wie so viele andere Herrscher der Region auch, nur der eigenen Religionsgemeinschaft vertrauen, voll und ganz sogar nur dem eigenen Clan, dem eigenen Stamm, der eigenen Großfamilie. Dies gilt eben auch deshalb, weil die nationalen Grenzen der Region nicht wie in Europa gewachsen, sondern von den Kolonialmächten auf dem Papier gezeichnet wurden, nachdem Briten und Franzosen die Gebiete großzügig untereinander aufgeteilt hatten. Es sind genau diese Grenzen, die der sogenannte Islamische Staat heute revidieren möchte. Die neuen Grenzen sollen dann ein panarabisches, islamistisch regiertes, sunnitisches Großreich umschließen. Es ist dieser grundlegende Unterschied zwischen Europa und den Ländern des Nahen Ostens, den der Westen bei seiner Politik der Interventionen nicht verstanden oder bedacht hat. Unsere Identität ist an die Nationalität gekoppelt, und deshalb lassen sich Staatsgewalt und Sozialsysteme im nationalen Rahmen organisieren und legitimieren. Dies lässt sich aber nur bedingt auf die Staaten in Nahost übertragen. Dort bietet der Clan oder die konfessionelle Gemeinschaft die soziale Absicherung. Auch rechtliche Fragen werden oft innerhalb der Stämme geregelt. Der Nationalstaat muss stetig darum kämpfen seinem Gewaltmonopol Geltung zu verschaffen. Das ist nur logisch, ist doch der Staat ein künstliches Gebilde, dessen Grenzen durch die Kolonialmächte Frankreich und Großbritannien mit wenig Rücksicht auf ethnische und konfessionelle Zusammensetzung der Bevölkerung gezeichnet wurden. Insofern sind die Staaten des Nahen und Mittleren Ostens eher Feudalstaaten als moderne Nationalstaaten. Auch deshalb gehen demokratische Wahlen in der Region so häufig zugunsten extremistischer Gruppen aus. Diese bieten eine Identität und ein Zusammengehörigkeitsgefühl, das der Nationalstaat nicht bieten kann. Und sie sind oft die Einzigen, die soziale Absicherung organisieren und praktizieren.

Das gilt auch für Syrien. Trotz der wenig demokratischen Art der Absicherung der eigenen Macht war es aber gerade die säkulare Ausrichtung des von Hafiz al-Assad errichteten und seinem Sohn fortgeführten Systems, die den ethnischen und konfessionellen Flickenteppich Syrien all die Jahre zusammenhielt und den Angehörigen aller Minderheiten entsprechende Rechte garantierte. Dabei lag die innenpolitische Hauptkonfliktlinie stets zwischen Sunniten und allen anderen Minderheiten. Auch spielte und spielt dabei die koloniale Vergangenheit des Landes immer wieder eine Rolle. So waren es nach Ansicht der sunnitischen Bevölkerungsmehrheit doch die fremden Franzosen gewesen, die den Minderheiten geholfen hatten, sich aus dem Status einer unkultivierten und politisch unbedeutenden Minderheit zu lösen. Drusen, Christen und Alawiten können daher – aus Sicht vieler Sunniten -als Agenten fremder Mächte und Landesverräter betrachtet werden. Die Spannungen entluden sich erstmals, als die sunnitisch-islamistischen Muslimbrüder 1982 in Hama den Aufstand wagten. Die Stadt wurde von der Armee eingekesselt und tagelang mit Artellerie beschossen, bis sie weitgehend zerstört war.

Insgesamt betrieb Hafiz al-Assad eine Politik der abwechselnden Zugeständnisse und Repression. Um seine Machtbasis zu vergrößern, lockerte er mehrfach sein hartes Regime, liberalisierte die Wareneinfuhr, verringerte die Zahl der Geheimpolizisten und hob den Ausnahmezustand auf. Und er umwarb die Sunniten, um alle Vorbehalte und Widerstände zu beruhigen und zu begrenzen. Nachdem Baschar al-Assad kurz nach dem Tod des Vaters im Jahr 2000 in einem Referendum zum Präsidenten gewählt worden war, führte er diese Politik fort und begann das Land zunächst nach innen stärker zu öffnen. Mit dem „Damaszener Frühling" begann 2001 für syrische Intellektuelle eine Zeit ungekannter Redefreiheit. Zunächst in der Hauptstadt Damaskus, später im ganzen Land entstanden Debattierclubs und Dialogforen, in denen Bürger politische und soziale Fragen diskutierten. In den Debatten ging es um alle möglichen Themen, von der Stellung der Frau in der Gesellschaft über Erziehungsmethoden bis hin zu Lösungen im israelisch-palästinensischen Konflikt. Die syrische Regierung ließ hunderte politische Gefangene frei und schloss das berüchtigte Mezze-Gefängnis. Staatsbetriebe wurden privatisiert, das Bankensystem reformiert, das Land für neue Technologien geöffnet. Zahlreiche Privatschulen und Universitäten wurden eröffnet. Assad bemühte sich um gute Beziehungen zum nördlichen Nachbarn Türkei, was die Wirtschaft im Großraum Aleppo beflügelte. Im Jahr 2008 schloss Syrien ein Assoziierungsabkommen mit der EU und beantragte seine Mitgliedschaft in der WTO. Die Schattenwirtschaft, von der auch alawitische Funktionäre profitiert hatten, wurde konsequent bekämpft. All das klingt nicht nach dem Despoten, den wir heute in Assad sehen. Die neue Freiheit währte jedoch nicht lange. Die Assad-Regierung betrachtete die bald von den debattierenden Intellektuellen gestellten Forderungen nach Verfassungsänderungen und die Aktivitäten der Muslimbruderschaft zunehmend als Bedrohung und kehrte die Politik der Öffnung bald in eine Politik der Repression um. Zahlreiche Regierungskritiker wurden verhaftet und zu mehrjährigen Haftstrafen verurteilt. Dennoch hatte der Damaszener Frühling Auswirkungen in der gesamten arabischen Welt. Mit der von Baschar al-Assad betriebenen Politik wurden große Hoffnungen auf echten Wandel verbunden, die am Ende an dem alten syrischen Konflikt zwischen den Konfessionen, zwischen Tradition und Moderne, zwischen sunnitisch-islamischer Mehrheitsherrschaft und säkularer Minderheitenregierung, zwischen Öffnung und Machterhalt scheiterten. Auf den „Damaszener Frühling" folgte der „Damaszener Winter". Trotzdem muss mit Blick auf die gesamte Herrschaft vor dem Krieg betont werden, dass sich die Person Baschar al-Assad keineswegs auf das im Westen verbreitete Bild eines brutalen Diktators reduzieren lässt. Natürlich war seine Macht nicht so begrenzt, sein Staat nicht so rechtsstaatlich organsiert wie eine moderne westliche Demokratie. Syrien war, wie so viele andere Staaten des Nahen Ostens, eine Diktatur. Aber was wäre die Alternative gewesen? War es unter Assad nicht jahrelang möglich gewesen, dass die unterschiedlichen Konfessionen, die sich heute aufs Blut bekriegen, friedlich zusammenlebten? Assad hat zwar mit harter Hand regiert, sein Staat war aber etwas anderes als eine totalitäre Unterdrückungsmaschine. Die religiösen Minderheiten konnten sich gut mit ihm arrangieren und wurden nicht mit fragwürdigen Ideologien heimgesucht. Welche Gruppen würden an die Macht kommen, wenn Assad gestürzt würde? Was würde das für die verschiedenen im Land seit Jahrhunderten beheimateten Minderheiten von Christen, Alawiten, Jesiden und Drusen bedeuten?

Der Bürgerkrieg in Syrien begann mit spontanen, von den Revolten in Nordafrika inspirierten Protesten von Aktivisten in mehreren Städten. Als die Sicherheitskräfte in Deraa Jugendliche inhaftierten, die durch das Sprühen von Graffiti protestiert hatten, eskalierte die Lage. Die Eltern der Jugendlichen verlangten die Freilassung, worauf die Polizei mit brutaler Gewalt reagierte und das Video dieses Vorgehens sich rasch über das Internet verbreitete. Im Sommer 2011 gingen die Proteste zunehmend in bewaffnete Konflikte über. Zu einem frühen Zeitpunkt positionierten sich die USA, Frankreich und Deutschland aufseiten der Aufständischen und gegen Assad. Auch begann früh eine Einmischung von außen durch Einsickern von Kämpfern oder die Lieferung von Waffen in die Gebiete, über die die Regierung die Kontrolle verloren hatte. So griffen die Kampfhandlungen nach und nach auf fast das gesamte Land über. Die Konfliktlinie verlief dabei immer stärker zwischen den Konfessionen. Auf der einen Seite kämpften die Alawiten, unterstützt durch den schiitischen Iran und die libanesisch schiitische Hisbollah-Miliz. Auf der anderen Seite sunnitische Islamisten, unterstützt durch die sunnitische Türkei, Saudi-Arabien und die sunnitischen Golfmonarchien. Hinzu kommen die Großmächte: Die USA unterstützen als Verbündete der Golfstaaten und Saudi-Arabiens die sunnitische Seite, bekämpfen aber gleichzeitig den IS, eine sunniti-

sche Organisation. Russland unterstützt als engster Verbünde-
ter die syrische Regierung.

Interessen der Akteure im Syrienkrieg

Welche Interessen vertreten die involvierten Mächte? Da der
Konflikt auf unterschiedlichen Ebenen stattfindet, ergibt sich
ein komplexes Bild. Insgesamt kämpften laut US-
amerikanischer Defense Intelligence Agency zeitweise bis zu
1200 verschiedene Oppositionsgruppen gegeneinander und
miteinander gegen die Regierung. Betrachtet man die innersy-
rische Ebene, so wird erkennbar, dass auf der einen Seite die
syrische Regierung mit der syrisch-arabischen Armee und auf
der anderen Seite eine Vielzahl unterschiedlicher Rebellengruppen sowie auch ausländische Söldner und Freiwillige
stehen. Die Namen der Gruppen klingen unterschiedlicher, als
ihre Ziele es tatsächlich sind: Freie Syrische Armee, Farouq-
Brigaden, Ahrar al-Sham, Märtyrer-Brigaden, Islamische Be-
freiungsfront, Soqur al-Sham. Assad bekämpft alle Rebellengruppen und betrachtet den Einsatz auch als Rettungsaktion
für die Bevölkerungsteile, deren Wohngebiete unter die Kontrolle von meist brutalen, islamistischen Rebellengruppen gefallen sind. Bereits kurz nach Ausbruch der Unruhen versuchte
die Regierung den Konflikt durch Zugeständnisse zu beruhigen und bemühte sich um einen nationalen Dialog zwischen

allen politischen Strömungen im Land, wobei ausdrücklich betont wurde, dass man auch zu Verfassungsänderungen bereit sei. Auch in der frühen Phase des Krieges bis zuletzt Ende Juli 2013 zeigte sich Assad wiederholt zu Gesprächen und Friedensverhandlungen ohne Vorbedingungen bereit, die aber stets von der Gegenseite – insbesondere von den USA - abgelehnt wurden, solange Assad beteiligt sei. Die syrische Armee wird am Boden unterstützt von Kämpfern der libanesischen Hisbollah und Offizieren der iranischen Revolutionsgarden sowie aus der Luft durch die russische Luftwaffe. Im Land wird der Präsident auch nach sechs Jahren Bürgerkrieg noch von der christlichen, jesidischen, drusischen und schiitischen Minderheit sowie weiten Teilen der sunnitischen Mittelschicht unterstützt. Auch die Kurden beteiligen sich nicht an Kämpfen gegen die syrische Armee.

Die Rebellengruppen werden von sunnitischen Gruppen dominiert. Die Freie Syrische Armee und der Syrische Nationalrat haben ihren Sitz in der Türkei und werden hauptsächlich aus Saudi-Arabien, Katar und den Emiraten finanziell unterstützt. Die Freie Syrische Armee gilt offiziell als moderat, kooperiert jedoch mit der Islamischen Front, die wiederum ein Bündnis aus islamistischen Kampfgruppen ist. Die Islamische Front stellt mit 45.000 Kämpfern das größte Oppositionsbündnis in Syrien dar und strebt einen islamischen Staat an, distanziert sich aber gleichzeitig von der gleichnamigen Organisation. Ihre Ideologie ähnelt der von Al Quaida; Sie lehnen die Demokratie ab und versuchen in Syrien ein Kalifat, in dem die Scharia praktiziert wird, zu errichten. Identische Ziele verfolgt der IS, der im Osten Syriens sein Kalifat errichtet hat und dieses versucht zu halten oder auszudehnen, wobei er auf eine Truppe von 20.000 bis 30.000 Kämpfern, viele von ihnen ausländische Söldner, zurückgreift. Dabei spielen Islamisten aus dem Kaukasus eine herausragende Rolle, weil sie kampferprobt sind, wenn es um Guerillakrieg gegen die russische Armee geht. Die unterschiedlichen radikal-islamistischen Gruppierungen unterscheiden sich in ihrer Ideologie nur marginal. Wenn wir über die entsetzlichen Menschenrechtsverbrechen wie öffentliche Enthauptungen, Verbrennungen oder lebendiges Begraben erfahren, so sind es immer diese Extremisten, die in ihrer Ideologie die vermeintlich göttliche Legitimation für solche Taten finden. Der IS hält etwa die Hälfte der Landesfläche Syriens unter seiner Kontrolle, die syrische Regierung hingegen nur etwa ein Viertel. Im Norden Syriens kämpfen die kurdischen Demokratischen Kräfte Syriens gegen den IS. Die Kurden bekennen sich zum Vielvölkerstaat und kämpfen nicht gegen die syrische Regierung. Seit Sommer 2012 tragen sunnitische Islamisten den Großteil der Auseinandersetzungen mit den Regierungstruppen aus. So ist Syrien zum

Schauplatz eines Konfessionskrieges geworden, der auch im Irak oder in Jemen in ähnlicher Form ausgetragen wird.

Längst ist der Konflikt aber auch zu einem Stellvertreterkrieg der Regionalmächte geworden. Der Iran will die schiitische Achse Iran-Syrien-Libanon erhalten und so die Wege zu den libanesischen Hizbollah-Milizen offen halten. Außerdem ist Teheran bestrebt, eine Ausdehnung des sunnitischen Macht- und Einflussbereichs, insbesondere den Saudi-Arabiens, zu verhindern und möchte gleichzeitig seine durch den Sturz Saddam Husseins in den Irak hinein gewachsene Einflusssphäre sichern. Entsprechend unterstützen die iranischen Revolutionsgarden die syrische Regierung bei ihren Offensiven auf die Rebellengebiete. Saudi-Arabien und die Golfstaaten hingegen wollen ihre regionale Machtposition durch den Sturz der alawitischen Regierung in Syrien und den Einsatz eines sunnitisch geprägten Regimes erweitern. Ferner versuchen sie die iranische Einflusssphäre auf diesem Wege wieder zu verkleinern. Insbesondere fürchten sie eine Ausbreitung der schiitischen Revolution in die schiitisch geprägten Golfregionen um Bahrain, Oman und den Jemen. Zudem wäre der Sturz Assads speziell für Katar eine Gelegenheit, neue Verbindungswege für den Abtransport des eigenen Öls in Richtung der türkischen Mittelmeerküste zu erschließen. Die finanzielle Unterstützung aus den Golfstaaten und Saudi-Arabien geht an alle bedeutenden Rebellengruppen, teilweise auch an den IS, wobei hier häufig Spenden vermögender Privatleute eine Rolle spielen. Auch die Türkei hat sich zwar einerseits gegen Assad positioniert, indem sie sich inoffiziell an Waffenlieferungen, Ausbildung und medizinischer Versorgung der Rebellen beteiligt. Das größere Interesse Ankaras gilt aber der Verhinderung eines autonomen Kurdenstaates an seiner Südgrenze. So hat die türkische Luftwaffe wiederholt Stellungen der kurdischen YPG in Syrien bombardiert, obwohl die Kurden von allen Gruppen am Boden die aktivste Rolle bei der Bekämpfung des IS spielen. Türkische Bodentruppen gingen daneben gegen Kurdenmilizen in Nordsyrien vor, was US-Verteidigungsminister Carter dazu veranlasste, beide Konfliktparteien an den gemeinsamen Kampf gegen den IS zu erinnern. Tatsächlich hat Recep Tayyip Erdogan, enger Partner in Merkels Flüchtlingsdeal, den IS lange Zeit an der türkisch-syrischen Grenze gewähren lassen. Mehr noch: Die türkische Zeitung Cumhuriyet berichtete im Januar 2014 von Waffenlieferungen (Sturmgewehre, Artilleriegeschosse, Mörser und Granaten) an den IS. Drei vom Geheimdienst begleitete LKW waren von der dortigen Polizei in Adana gestoppt und durchsucht worden, wobei die brisante Ladung ans Licht kam. Die türkischen Behörden behaupteten, es handele sich um Hilfslieferungen. Cumhuriyet lieferte daraufhin Bilder von den Waffen. Die Regierung verhängte eine Nachrichtensperre über den Fall und Erdogan persönlich stellte Strafanzeige gegen den Chefredakteur und den verantwortlichen Journalisten. Beide Redakteure wurden im folgenden Gerichtsverfahren wegen Verrats von Staatsgeheimnissen zu fünf Jahren Haft verurteilt. An dieser Stelle wird die Skurrilität der deutschen Politik in der Flüchtlingsfrage besonders deutlich: Die Bundesregierung wird nicht müde zu betonen, wie wichtig ihr die Bekämpfung der Fluchtursachen sei. Gleichzeitig bezeichnet sie den Flüchtlingsdeal mit der Türkei als Riesenerfolg und bezeichnet Erdogans Türkei, die nachweislich den IS unterstützt hat, als wichtigsten externen Partner in der Flüchtlingsfrage.

Aufgrund seiner geostrategisch exponierten Lage ist Syrien aber auch für die Großmächte zu einem Schauplatz der Machtspiele geworden. Der Wunsch nach einem Regime-Change ist die treibende Kraft für das US-amerikanische Engagement. Bereits im März 2013 wurde bekannt, dass der amerikanische Geheimdienst CIA die Beschaffung von Waffen, ihren Transport und die Verteilung an die Rebellen durch Saudi-Arabien und Katar massiv unterstützt. Zudem liefern die USA selbst leichte Waffen, Boden-Boden-Raketen und Panzerabwehrgeschosse an aus ihrer Sicht gemäßigte Rebellengruppen.

Washington hat bis 2014 Friedensgespräche, in denen Assad eine Rolle spielen sollte, blockiert. So versuchte man die Position der syrischen Regierung zu schwächen und einen Regimewechsel voranzutreiben. Insbesondere in Bezug auf die Sicherheitsinteressen des engsten Verbündeten Israel wäre ein solcher „Regime Change" wünschenswert. Durch einen Sturz Assads wären die Hisbollah-Milizen massiv geschwächt. Die Schiitenmiliz stellt aus dem Libanon heraus eine Bedrohung für Israel dar. Daneben fliegt die US-Luftwaffe Angriffe auf den IS im Osten Syriens. Im Gegensatz zu der russischen Luftwaffe, die von der syrischen Regierung offiziell um Hilfe gebeten wurde und die daher legal im Land ist, ist der Einsatz der US Airforce völkerrechtswidrig.

Russland unterstützt Assad, weil es mit Syrien einen traditionellen Verbündeten und somit auch seine militärische Präsenz in Tartus und Latakia verlieren würde. Folglich wäre der Fall Assads gleichbedeutend mit dem Verlust der einzigen russischen Militärpräsenzen am Mittelmeer. Dies fällt umso mehr ins Gewicht, wenn man bedenkt, dass die USA bereits zahlreiche solche Präsenzen am Mittelmeer unterhalten, allein 10 in Italien und drei in Spanien sowie je eine in Ägypten und Griechenland. Zudem hat man in Russland sicher nicht die Folgen des vom Westen forcierten Umbruchs in Libyen vergessen. Mit dem Sturz Gaddafis brachen für Moskau Aufträge über

Waffenlieferungen und Bohrkonzessionen im Wert von 10 Milliarden Dollar weg. Stattdessen gelang es dem Westen, entsprechende Verträge mit der Übergangsregierung abzuschließen. Die im Westen vorherrschende Wahrnehmung, Russland erweitere in Syrien seine globalen Ambitionen, ist also falsch. Da in Syrien eine Veränderung des Status quo vom Westen befeuert wird, wäre es eher angebracht, von der Erweiterung der globalen Ambitionen der USA zu sprechen. Dies scheint umso mehr berechtigt, wenn man bedenkt, dass Washington bereits jetzt rund um den Erdball mehr als 1000 Militärbasen unterhält.

Syrien ist als Energie-Transitland für viele beteiligte Akteure bedeutend. Seit Jahren versuchen USA und Europa, ihre Energiebezugsquellen zu diversifizieren. Der östliche Mittelmeerraum und das Territorium Syriens als Teil einer Landbrücke zum Irak und somit zum Persischen Golf könnten hier eine Perspektive bieten. Nach dem Ende des Irakkriegs ist dort die Ölproduktion angekurbelt worden. Zur gleichen Zeit sind die Probleme beim Abtransport des Öls über den Seeweg um das Horn von Afrika gewachsen, da die Piraterie zugenommen hat. Syrisches Territorium böte die Möglichkeit des schnellen Abtransports des Öls vom Golf in Richtung Europa. Entsprechende Pipelinesysteme bestehen bereits. Eine solche Lösung wäre aber keineswegs mit russischen Interessen in Einklang zu bringen, weil dadurch die logistische Abhängigkeit der EU von Russland stark abnehmen würde.

Auch die unterschiedlichen Wahrnehmungen des arabischen Frühlings spielen eine Rolle bei der Interessendivergenz zwischen Russland und dem Westen. Während man in Europa und den USA diverse Umbrüche finanziell oder militärisch unterstützt hat und die Proteste vorwiegend als demokratische Freiheitsbewegungen sah, war die russische Wahrnehmung eine andere. Russland ist selbst ein Vielvölkerstaat und bemüht sich etwa im Kaukasus um die Aufrechterhaltung seines Gewaltmonopols gegen sezessionistische Gruppen, die man in Moskau durchweg als Terroristen bezeichnet. Den arabischen Frühling verband man im Kreml zuallererst mit der drohenden Destabilisierung der betroffenen Staaten und mit dem Aufstreben islamistischer Gruppen. Die vom Westen als humanitäre Interventionen bezeichneten Einmischungen sah man skeptisch. Man interpretierte sie eher als das, was sie tatsächlich waren: Der Versuch einer Erweiterung des eigenen Einflussbereichs. Auch was den allgemeinen Verlauf der Arabellion betrifft, scheint die russische Sichtweise von der Realität bestätigt. In allen betroffenen Ländern wurden Islamisten gestärkt. Nach der Revolution gelang es in keinem der Länder, ein funktionierendes Gewaltmonopol aufzubauen. Instabilität, Korruption, soziale Ungerechtigkeit, allgemeine Unsicherheit, terroristische Anschläge und das Recht des Stärkeren regieren viel stärker als vor dem arabischen Frühling. Da die tiefer liegenden Probleme, die zu den Aufständen geführt haben, keineswegs gelöst sind, blieb die von westlichen Beobachtern erhoffte Entwicklung zu Freiheit und Demokratie aus. Im Gegenteil: Die Destabilisierung der Länder wurde zur Quelle von Staatszerfall, Anarchie, Terrorismus und Bürgerkrieg. Dies geschah umso stärker, je intensiver der Westen sich einmischte: In weiten Teilen Syriens herrscht der IS, wie auch im libyschen Sirte.

In Deutschland hat man sich uneingeschränkt und über Parteigrenzen hinweg der amerikanischen Wahrnehmung des Konfliktes in Syrien angeschlossen. Bis heute ist man nicht von dem Standpunkt abgerückt, Assad und sein Regime trügen die alleinige Verantwortung für 400.000 bis 500.000 Tote, Millionen von Flüchtlingen und die Zerstörung Syriens. Die massive militärische und finanzielle Unterstützung der Rebellen, die fast ausschließlich aus islamistischen Gruppen bestehen, wird kaum kritisiert. Dabei wäre es ohne diese Unterstützung niemals möglich gewesen, den Krieg über sechs Jahre in die Länge zu ziehen und derartig eskalieren zu lassen. Der deutsche Standpunkt erscheint umso unverständlicher, da eine schnelle Reduzierung der Flüchtlingszahlen erklärtes Ziel der Bundesregierung ist. Warum hat man in Deutschland die politische

Isolierung der syrischen Regierung so hartnäckig vorangetrieben? Hatte man den Konflikt in Syrien nicht verstanden? Wo ist die Alternative zu Assad? Worauf gründet sich die Annahme, nach dem Sturz Assads würden in Syrien Freiheit, Demokratie und Rechtsstaatlichkeit erblühen? Wo ist das syrische Bürgertum, das eine solche Entwicklung unterstützt? Was verleitet die Bundesregierung zur Annahme, die Sunniten, die nach einem Sturz Assads die Macht übernehmen würden, wären die bessere Alternative? Warum sollten sie sich anders verhalten als in den Gebieten, die bereits unter ihrer Kontrolle stehen, wo sie Rache nahmen an den Minderheiten, Massaker und Gräueltaten begingen, Kulturerbe zerstörten und die Bevölkerung einschüchterten?

Wenn wir heute, nach sechs Jahren Bürgerkrieg, nach Syrien hineinschauen, müssten wir doch erkennen, dass unsere Position für die Erreichung eines Friedens nicht hilfreich ist. Alle Minderheiten im Land - Drusen, Alawiten, Christen und Schiiten - unterstützen die syrische Regierung. Auch die Kurden kämpfen nicht gegen Assad. Natürlich steht nicht immer Begeisterung für den Präsidenten dahinter, sondern vielmehr die Gewissheit, dass ihre Zukunft unter einem sunnitischen Regime sehr viel stärker als unter alawitischer Herrschaft bedroht wäre. In den von der Regierung eroberten Gebieten ist ein weitgehend friedliches Leben möglich. Zwar unterhält Assad nach wie vor eine mit weitgehenden Befugnissen ausgestattete Geheimpolizei. Es finden aber nicht etwa willkürliche Hinrichtungen auf offener Straße, Plünderungen von Weltkulturerbe oder Massaker an Minderheiten statt, wie sie in den Rebellengebieten häufig an der Tagesordnung sind. Unter Assad gilt auch nicht die Scharia als Rechtsgrundlage.

Auf welcher Grundlage beruht also die von deutschen Politikern und Medienvertretern immer wieder vorgenommene Parteinahme gegen die syrische Regierung? Sind es die Vorwürfe, Assad habe Giftgas eingesetzt? Sicher ist, dass es in den Kriegsgebieten mehrfach zu solchen Einsätzen gekommen ist. Aber sicher ist auch, dass nie vor dem Hintergrund der Kriegswirren zweifelsfrei bewiesen werden konnte, ob Regime oder Rebellen verantwortlich waren. Nach den ersten Giftgasangriffen in Ghuta am 21. August 2013 bestätigte ein UN-Bericht lediglich den Einsatz von Sarin, bei dem zwischen 355 (Ärzte ohne Grenzen) und 1729 (Freie Syrische Armee) Menschen umgekommen seien. Von wem die entsprechenden Boden-Boden-Raketen abgefeuert worden waren, könne nicht festgestellt werden. Das US-Verteidigungsministerium legte daraufhin eine Karte vor, die belegen sollte, dass der Angriff aus von der Regierung kontrollierten Gebieten erfolgt sein müsse. Auf Grundlage ebendieser Karte kamen aber der ehemalige UN-Waffenkontrolleur Richard Lloyd und Professor

Theodor Postol vom Massachusetts Institute of Technology (MIT) zu dem gegenteiligen Schluss. Die Reichweite der Raketen sei zu kurz gewesen, um aus Regierungsgebiet abgefeuert worden zu sein. Alle möglichen Abschussorte hätten sich zur Zeit des Angriffs in Rebellenhand befunden.

Nach dem Vorfall trat die syrische Regierung der Chemiewaffenkonvention bei und übergab seine Bestände an Chemiewaffen im Hafen von Latakia an dänische und norwegische Containerschiffe, die sie zur Vernichtung an die USA und Großbritannien weiterleiteten. Doch es gab weitere Giftgasangriffe. Eine UN-Untersuchungskommission beschuldigte das Regime im Jahr 2015, mutmaßlich für einen von drei Angriffen, bei denen insgesamt 13 Menschen ums Leben gekommen waren, verantwortlich zu sein. Die Kommission hatte die gefundenen Chlorgasbehälter untersucht und festgestellt, dass sie von der Regierung stammen mussten. In einem Bürgerkrieg, in dem etwa 100 verschiedene Gruppen gegeneinander kämpfen, ist aber keinesfalls ausgeschlossen, dass Waffenmaterial der Regierung in gegnerische Hände gerät. Assad selbst hat auf die Anschuldigungen reagiert, indem er den Einsatz solcher Waffen abstritt und erklärte, die Armee erreiche ihre Ziele viel besser mit konventionellen Waffen. Ferner erwähnte er, er würde gegen sein eigenes Interesse handeln, wenn er Giftgas einsetzen würde, denn als Präsident sei er auf ein Mindestmaß von Unterstützung aus der Bevölkerung angewiesen. Wieso sollte er also die Zivilbevölkerung gegen sich und seine Armee aufbringen? Tatsache ist auch, dass Assad kein Interesse an einem direkten Eingreifen der USA hatte. Diese hatten aber erklärt, dass der Einsatz von Giftgas eine rote Linie sei, bei deren Überschreitung sie womöglich eingreifen und die Regierung beseitigen würden. Als danach tatsächlich Giftgas eingesetzt wurde, entschied sich Obama im letzten Moment gegen einen Einsatz, weil Experten ihn darauf hingewiesen hatten, dass die Urheberschaft des Einsatzes der Waffen nicht zweifelsfrei klar sei. Assad erklärte sich umgehend zur Vernichtung der vollständigen Bestände seiner Chemiewaffen bereit. Im August 2014 erklärten dann auch die Amerikaner, dass diese vollständige Vernichtung unter ihrer Aufsicht stattgefunden habe und abgeschlossen sei.

Die Rolle der Medien

Wie begründet sich also die deutsche Positionierung gegen Assad? Sind es die Vorwürfe, seine Regierung hungere die Zivilbevölkerung aus? Wie kann eine Regierung Gebiete aushungern, auf die sie keinen Zugriff mehr hat? Gebiete, die unter der Kontrolle von Rebellen stehen und aus denen tagtäglich mit schweren Granaten und Raketen auf die von der Regierung kontrollierten Gebiete geschossen wird. Allein der militärische Nachschub erfordert einen finanziellen und logistischen Aufwand, der weit größer ist, als eine Versorgung der Bevölkerung mit Nahrungsmitteln es wäre. Überhaupt stellt sich die Frage, woher unsere Medien ihre Informationen über den Konflikt bekommen. Schließlich tragen sie maßgeblich zum Bild bei, das wir über den Syrienkrieg haben. Unabhängige Journalisten gibt es in Syrien kaum. Eine Organisation spielt als Informationsquelle für westliche Medien eine besonders große Rolle; fast täglich beziehen sich Zeitungen sowie Fernseh- oder Radiosender in ihren Berichten auf diese Quelle: Die Syrische Beobachtungsstelle für Menschenrechte. Dabei handelt es sich um eine in Großbritannien ansässige Organisation, die von nur einem einzigen Mann –Osama Suleiman – aus dessen Privathaus in Coventry betrieben wird. Suleiman, hauptberuflich Eigentümer eines Bekleidungsgeschäftes, gibt über sich selbst an, der syrischen Opposition nahezustehen. Er wiederum stützt sich auf ein angebliches Netz von Informanten vor Ort. Seine Internetseite verbreitet täglich Neuigkeiten über die aktuelle Entwicklung in Syrien. Diese Organisation ist die Hauptinformationsquelle für westliche Medien, wenn es um die Situation in Syrien, über Kämpfe zwischen den einzelnen Konfliktparteien, über angebliche Massaker und Gräueltaten, über Giftgaseinsätze oder das Aushungern der Bevölkerung geht. Wiederholt wurde die Organisation für Falschmeldungen verantwortlich gemacht, so zum Beispiel vom US-Nachrichtensender CNN, der behauptete, die Beobachtungsstelle hätte einen Bericht erfunden, wonach neugeborene Säuglinge in Brutkästen getötet worden seien, da das Assad-Regime die Stromversorgung unterbrochen habe. Auffallend ist hier die Ähnlichkeit mit der Brutkasten-Lüge aus dem zweiten Golfkrieg. Auch westliche Medien haben wiederholt darauf hingewiesen, dass die Berichte der Beobachtungsstelle sich nicht von unabhängigen Quellen überprüfen lassen, was sie nicht daran hindert, sie täglich in ihren Nachrichten zu zitieren.

Eine weitere Informationsquelle bilden die sogenannten Weißhelme. Auch sie haben ihren Sitz in Großbritannien und wurden von einem früheren Offizier der britischen Armee und privaten Sicherheitsberater im Jahr 2013 gegründet. Die Organisation gibt vor, die Zivilbevölkerung in den vom Krieg betroffenen Gebieten zu unterstützen, Verschüttete zu bergen und humanitäre Hilfe zu leisten. Allerdings gibt es auch Berichte, dass die Organisation vor Ort kaum Hilfe geleistet und überwiegend Einsätze zu PR-Zwecken getätigt hätte. Zudem sind Bilder aufgetaucht, die Mitglieder der Weißhelme bewaffnet und zusammen mit Dschihadisten zeigen. Bei YouTube sind Filmsequenzen veröffentlicht worden, in denen offensichtlich ist, dass die Rettung aus den Trümmern gestellt wurde. Man erkennt, wie die Protagonisten geschminkt und mit Staub bedeckt werden. Trotzdem erhielten die Weißhelme im Jahr 2016 den alternativen Nobelpreis und werden von der Bundesregierung mit 7 Millionen Euro Fördergeldern unterstützt. Eine weitere Quelle, auf die zahlreiche westliche Medien während der Kampfhandlungen um Aleppo wiederholt zurückgriffen, war der dubiose Twitter-Account der siebenjährigen Bana Alabed. Der Spiegel, die Zeit, die Süddeutsche Zeitung, der Guardian, der London Telegraph: Alle erzählten sie die hochemotionalen Geschichten, die die Kleine in der zerbombten Stadt erleben musste. In einer Zeit, als die Stromversorgung der Stadt längst unterbrochen war, twitterte das Mädchen – das offenbar Zugriff auf eine erstaunlich stabile Internetverbindung hatte - eifrig Mitleid erregende Kurznachrichten an ihre über 300.000 Follower. Die Tweets waren eine Mischung aus einem absolut perfekten Englisch (inklusive Zeichensetzung; angeblich half ihre Mutter Fatemah) und eindeutig politisch gefärbten Botschaften in einem kindlich naiven Ton: „*Dear world, it's better to start 3rd world war instead of letting Russia and assad commit #HolocaustAleppo.*" *(Liebe Welt, lieber einen 3. Weltkrieg anfangen als Russland und assad einen #HolocaustAleppo begehen lassen).* Dieser Beitrag klingt nicht so, als würde eine Siebenjährige vom Krieg berichten. Auf Kontaktversuche in arabischer

Sprache reagierte Bana stets auf Englisch. Bana selbst folgte mit ihrem Account ausschließlich Politikern, Konzernmedien oder Aktivisten aus den Sozialen Medien – einige davon hatten enge Beziehungen zu terroristischen Gruppen. Kurz vor Weihnachten 2016 war Bana dann anscheinend evakuiert worden, jedenfalls traf sie in Ankara den türkischen Präsidenten Erdogan, um sich bei ihm für seinen Einsatz in dem Krieg zu bedanken. Der teilte die hübschen Bilder von dem Treffen dann wiederum auf seinem Twitter-Account.

Wenn man bedenkt, dass Weißhelme und auch die Syrische Beobachtungsstelle für Menschenrechte ihren Sitz im Ausland, weit vom Konflikt entfernt, haben, sich selbst als regimekritisch bezeichnen und nicht überprüfbare Informationen liefern, erscheint die Basis, auf der die westlichen Akteure inklusive Deutschland ihr Bild vom Konflikt gründen, denkbar dünn. Vielleicht ist dies der Grund, warum in den hiesigen Medien deutlich ausgiebiger über Verstöße der syrischen Regierung oder der Russen als über diejenigen der Rebellen oder der westlichen Verbündeten berichtet wird. Ein Beispiel ist der Bruch der Waffenruhe im September 2016. Erstmals wurde diese nachweislich gebrochen durch die US-Armee, die am frühen Abend des 17. September eine Stellung der syrischen Armee in der Nähe des Flughafens von Deir ez-Zor angriff. 62 syrische Soldaten kamen ums Leben. Die Stellung wurde unmittelbar nach dem Angriff von IS-Kämpfern eingenommen und ist bis heute in der Hand des IS. Über den Vorfall wurde berichtet, allerdings nur vereinzelt. Als einige Tage danach ein UN-Konvoi von der russischen Luftwaffe beschossen wurde, liefen die Berichte darüber ausgiebig auf allen Sendern. Russland wurde nun für das Scheitern der Waffenruhe verantwortlich gemacht. Von dem Angriff durch die US-Luftwaffe, dem ersten großen Verstoß, war keine Rede mehr. Warum nicht? Was macht den russischen Angriff so viel schlimmer? Die Zahl der Toten? Bei dem US-Angriff starben 62 Menschen, bei dem der Russen etwa 20. Der Zeitpunkt? Wie gesagt, der amerikanische Angriff war der erste Verstoß gegen die Waffenruhe. Oder passt der russische Angriff einfach besser in unser auf fragwürdigen Quellen und bruchstückartigen Informationen beruhendes Bild des Konflikts?

Es gibt zahlreiche weitere Beispiele für tendenziöse Berichterstattung und die Dämonisierung Assads durch westliche Medien. Anscheinend passte das Bild des allein schuldigen, rücksichtslosen, selbstherrlichen Diktators gut ins westliche Denkschema und diente als einfache, gut in den Stakkato-Takt einer immer schnelllebigen Medienlandschaft passende Erklärung dieses komplexen Konfliktes. Den meisten Lesern oder Zuschauern fällt dabei nicht auf, dass der Name Assad meist mit dem Titel Diktator verbunden wird, während man zum

Beispiel in Berichten über die Staaten der Region, in denen im Gegensatz zu Syrien die Scharia praktiziert wird und Minderheiten verfolgt werden, vom jeweiligen König oder Staatschef spricht.

Die fehlende Ausgewogenheit der Medienberichterstattung wurde 2014 auch vom European Journalism Observatory bemängelt. Die Organisation untersuchte Schweizer Qualitätsmedien wie *Neue Zürcher Zeitung* und *Tagesanzeiger* in Bezug auf ihre Syrien-Berichterstattung. Die Studie kam zu dem Ergebnis, dass bestimmte Dimensionen, die Politikwissenschaftler als essentielle Aspekte des Konfliktes sehen, kaum Berücksichtigung in den Artikeln fanden. So wurde in nur 6% der untersuchten Artikel erklärt, dass die Islamisierung der Aufstandsbewegung einen konfliktverschärfenden Faktor im Krieg darstellt. Hingegen wurde sehr häufig über den russischen Militäreinsatz berichtet. Zudem war bei beiden Medien die Quellenlage nicht ausgewogen: Quellen seitens der Opposition waren besonders dominant.

Oft steckt bei der Berichterstattung der Teufel im Detail. Es kommt darauf an, wie und wann etwas gesagt wird. Auch die Aspekte, die eben keine Erwähnung finden, verfälschen das Bild. So titelte die Zeitung *Die Welt* im Bezug auf ein Interview, das der syrische Präsident nach dem Abschuss eines türkischen Kampfflugzeugs durch die syrische Armee der türkischen Zeitung *Cumhuriyet* gegeben hatte: „Assad provoziert Ärger". Tatsächlich war Assad in dem Gespräch um Schadensbegrenzung bemüht und versicherte, er bedauere den Abschuss. Der Focus attestierte Baschar al-Assad *„Verfolgungswahn"*, weil er *„dem Westen auch konkrete Unterstützung der Rebellen vorwirft"* und eine *„Einmischung fürchtet"*. Dass diese Einmischung in Form von finanzieller und logistischer Unterstützung tatsächlich stattfand, wurde dagegen nicht erwähnt. Leidet also Assad unter Verfolgungswahn oder betreiben die Medien eine Anti-Assad-Kampagne? Auch die Eskalation der Sprache spielt eine Rolle bei der parteiischen Berichterstattung der Medien. So wurde Russland in deutschen und amerikanischen Medien wiederholt als „Komplize" des Assad-Regimes bezeichnet, zum Beispiel in der New York Times im Juni 2012. Hinzu kommt die häufig verwendete Wortfigur der Synekdoche: Putin steht für Russland, Assad für Syrien. So werden den Staatschefs persönliche Motive wie Großmannssucht oder Tyrannei unterstellt, während die Interessen der Staaten, die den Konflikt unabhängig von den jeweiligen Staatschefs tatsächlich vorantreiben, außer Acht gelassen werden.

Auffällig erscheint zum Beispiel auch die unterschiedliche Berichterstattung, wenn es um die Rückeroberung von Mossul und Aleppo geht. Im irakischen Mossul kämpft die irakische Armee, unterstützt durch die US-Luftwaffe gegen islamistische Rebellen. In Aleppo kämpfte die syrische Armee, mit russischer Luftunterstützung, ebenfalls gegen islamistische Rebellen. Eine ähnliche Ausgangssituation. Es wird aber völlig unterschiedlich berichtet. Während in Aleppo von der totalen Zerstörung der Stadt durch das Bombardement, von eingeschlossenen, verängstigten und hungernden Zivilisten gesprochen wurde und Vorwürfe erhoben wurden, Russland mache sich zum „*Komplizen von Assad*" und sei für den Tod unschuldiger Kinder verantwortlich, berichtete zum Beispiel die heute-Sendung vom 7. Januar 2017 von der „*Befreiung*" immer größerer Gebiete im Osten Mossuls und darüber, dass „*tausende Zivilisten sich in die von der Regierung kontrollierten Gebiete in die Freiheit fliehen*" könnten, wenn sie nicht „*vom IS als menschliche Schutzschilde missbraucht*" würden. Ein irakischer Offizier wird gezeigt, der behauptet, oberstes Ziel der Armee sei „*Humanität. Es geht immer um die Vermeidung von Opfern unter den Zivilisten.*" Warum unterscheidet sich die Berichterstattung so diametral, wenn die Sachverhalte objektiv ähnlich sind? Auch in Aleppo flohen die Menschen zu tausenden in die von der Regierung kontrollierten Gebiete. Auch in Aleppo benutzten die Rebellen Zivilisten als menschliche Schutzschilde. Warum wurde aber der Kampf um

Aleppo nicht wie im Falle Mossuls als Befreiung dargestellt? Warum wird in Aleppo davon gesprochen, dass die *„syrisch-russischen Bombardements"* auch mehrere Krankenhäuser zerstört haben und die Menschen deshalb *„keinen Zugang zu dringend benötigter medizinischer Versorgung"* haben, während in Mossul ein irakischer Offizier vor einem ebenfalls total zerstörten Krankenhaus den Journalisten erklärt, die *„Terroristen haben die Einrichtung von einer zivilen in eine militärische umgewandelt"*, weshalb man das Krankenhaus hätte angreifen müssen? Natürlich wurde sogleich der Verweis darauf nachgeschoben, dass man zivile Opfer unbedingt vermeide. Nochmal: In Aleppo wie in Mossul kämpft die Regierung um die Wiedergewinnung der Kontrolle über die jeweilige Stadt, in beiden Fällen stehen der Regierung islamistische Milizen gegenüber. Wo liegt der Unterschied, wenn dabei Krankenhäuser zerstört werden? In beiden Fällen muss die Regierung diese nach der Rückeroberung wieder aufbauen.

Es gäbe so viele weitere Beispiele für die tendenziöse Berichterstattung über Syrien, dass man allein darüber ein Buch schreiben könnte. Trotzdem wäre es sicher voreilig, den Medien bewusste Verdrehung der Tatsachen oder gesteuerte Manipulation vorzuwerfen. Wahrscheinlich spielen eher Vorurteile und die mangelnde Sorgfalt bei der Auswahl von Quellen eine Rolle. Schließlich wird die Wahrnehmung von Journalisten auch durch vorgeprägte Denk- und Kommunikationsmuster beeinflusst. Journalismus ist immer subjektiv von eigenen Präferenzen und Ansichten geprägt. Auch Sensationsgier und die vermeintliche Positionierung auf Seiten des Zuschauers beziehungsweise Lesers zur Quoten- und Auflagensteigerung dürften eine Rolle spielen.

Jedenfalls kann die Rolle der Medien in diesem so schwer einsehbaren und so komplexen Konflikt gar nicht unterschätzt werden. Schließlich bilden auch Spitzenpolitiker und außenpolitische Entscheidungsträger ihr Urteil zu einem großen Anteil durch Zeitungslektüre und Medienkonsum. Gleichzeitig lenken Journalisten die Wahrnehmung der Politiker durch gezieltes Nachfragen in bestimmte Richtungen. Und auch der Bürger erhält am Ende ein verzerrtes Bild von der Realität und wird unmündig. In Bezug auf Syrien ist durch die in höchstem Maße tendenziöse Berichterstattung im Westen ein völlig falsches Bild des Konfliktes entstanden. Das vehemente Eintreten gegen Assad, ja seine Dämonisierung auch aus Kreisen deutscher Spitzenpolitiker, hat so zu einer Verlängerung eines Konfliktes beigetragen, in dem die Alternative zur syrischen Regierung maßgeblich aus islamistischen Oppositionsgruppen besteht. Auch die Rhetorik aus Deutschland hat dazu beigetragen, Assad als allein verantwortlichen Diktator erscheinen zu lassen, mit dem es keine Lösung des Konfliktes geben könne. Tatsächlich herrscht nur in den von der syrischen Regierung und ihren Verbündeten befreiten Gebieten so etwas wie Frieden, unter dem auch die konfessionellen und ethnischen Minderheiten mehr oder weniger gleichberechtigt leben können.

Modebegriff Fake News

Angesichts ihrer enorm wichtigen Rolle im Prozess der politischen Urteilsbildung werden die Medien gern als „vierte Gewalt" im Staat bezeichnet. Gerade bezüglich dieser Funktion haben unsere Medien bei der Berichterstattung über den Syrienkrieg kläglich versagt. Anstatt sich also um die Zensur von sogenannten *Fake News* zu kümmern und ein *Abwehrzentrum gegen Falschmeldungen* einzurichten, sollte die Bundesregierung lieber für eine ausreichend diversifizierte Quellenlage bei ihrer eigenen Urteilsbildung sorgen. Leben wir in einem postfaktischen Zeitalter? Möglicherweise, denn die Regierenden scheinen ihr Urteil nicht mehr auf Fakten, Tatsachen und realen Zusammenhängen zu gründen, sondern auf bloßem Bauchgefühl und verkürzten Darstellungen komplexer Zusammenhänge. Die Quellenlage, aufgrund deren wir uns ein Urteil über den verheerenden Krieg in Syrien erlauben, ist derart dünn und einseitig, dass man sie eigentlich nur als Fake News bezeichnen kann. Was genau will die Bundesregierung also mit ihrem geplanten Wahrheitsministerium kontrollieren und verbieten? Wem genau droht Justizminister Heiko Maas, wenn er von bis zu fünf Jahren Gefängnis für die Verbreitung böswilliger Unwahrheiten und Verleumdung spricht? Wer soll im Zweifelsfall bestimmen, was ein Fake und was die einzig wahre Wahrheit ist?

Die Zahl der Verschwörungstheorien wird sinken, wenn die Medien ihrer eigentlichen Aufgabe gerecht werden: der ausgewogenen Berichterstattung über unterschiedliche Sichtweisen. Eine Befragung durch infratest dimap aus 2015 ergab, dass 60 Prozent der Befragten den Medien wenig oder gar kein Vertrauen entgegenbringen. 27 Prozent begründeten ihr fehlendes Vertrauen mit Fehlinformationen und Manipulation durch die Presse, 20 Prozent bemängelten Einseitigkeit. Längst fragen sich sehr viele Bürger, die nicht zur „Lügenpresse"-Fraktion gehören, welche „Nachrichten" der Mainstream-Medien wahr und welche eigentlich Fake News sind. Das ist ein echtes Problem, und durch die einseitige Berichterstattung in der Flüchtlingskrise hat es sich verschärft.

Wenn wir über Fake News reden, müssen wir zwei Dinge unterscheiden: Das eine ist eine tendenziöse Berichterstattung, die durch Auswählen oder Weglassen bestimmter Informationen und durch die Verwendung einer jeweils diskreditierenden oder euphemistischen Sprache die Wirklichkeit in ein bestimmtes, wertendes Licht rückt. Diese Berichterstattung kann bewusst zur Einseitigkeit gelenkt sein, oder sie kann durch bestimmte Wahrnehmungsmuster und damit verbundene Erwartungen, wie die Wirklichkeit zu sein hat, sozusagen aus Versehen parteiisch sein. Nichtsdestotrotz kann man eine solche Berichterstattung als Fake News bezeichnen, denn es handelt sich um Meinung, die im Mantel der Information daherkommt. Vermeintliche Wahrheiten werden scheinbar neutral dargestellt. Tatsächlich ist die Wirklichkeit aber komplexer und um sich eine eigene Meinung zu bilden, bräuchte man auch Informationen über die andere Seite der Medaille. So wird für den interessierten Zuschauer, Leser oder Zuhörer die Meinungsbildung nicht mehr möglich, da ihm nur vorgefertigte Meinungen statt Informationen präsentiert werden.

Der andere Teil der Fake News betrifft die bewusste Verbreitung von Lügen zum Erreichen bestimmter politischer Ziele. Auch das ist überhaupt nichts Neues. Der Begriff Fake News deutet hier also auf eine Aktualität, die es so nicht gibt. Das Phänomen hat durch die wachsende Bedeutung von Social Media und die Verfügbarkeit neuer Informationskanäle vielleicht eine weitere Dimension gewonnen, es war aber immer schon da. Nichts anderes als Fake News wäre es allerdings, dieses Phänomen nur einer bestimmten Seite zuzuordnen. Genau dies geschieht aber: Fake News kommen stets aus

Russland, genauer gesagt von Putin persönlich! Er verbreitet bewusst und gezielt Falschinformationen im Internet, um Rechtspopulismus und Pegida bei uns und Trump in den USA zu helfen. Russische Hacker greifen unser Internet an und schaffen es, dass dadurch bei uns die Populisten gewählt werden. Russland gefährdet mit seinen Fake News-Attacken gar unsere Demokratie!

Bei der ganzen Hysterie gerät völlig in Vergessenheit, dass auch die andere Seite sehr viel Erfahrung in der hochprofessionellen Verbreitung von Lügen hat. Sei es die Brutkastenlüge im Zweiten Golfkrieg, sei es der 2003 folgende Irakkrieg, in dessen Vorfeld der damalige US-Außenminister Colin Powell vor dem UN-Sicherheitsrat über angebliche irakische Massenvernichtungswaffen log, dass sich die Balken bogen. Er selbst bezeichnete diesen Auftritt später als Schandfleck seiner Karriere. Auf jeden Fall war der mit Animationen und verpixelten Satellitenbildern gestaltete Auftritt ein kompletter Fake. Powell sagte damals in seiner Rede: „*Das Material, das ich Ihnen heute vorlege, stammt aus unterschiedlichen Quellen. Es sind zum Teil amerikanische Quellen, zum Teil Quellen anderer Länder. Einige der Quellen sind technischer Art, wie die abgehörten Telefongespräche und die Satellitenfotos. Andere Quellen sind Menschen, die ihr Leben riskiert haben, damit die Welt erfährt, was Saddam Hussein wirklich vorhat. Ich kann Ihnen nicht alles sagen, was wir wissen, aber was ich Ihnen mitteilen kann, ist - zusammen mit dem, was wir alle über die Jahre hinweg erfahren haben - zutiefst beunruhigend. Was Sie sehen werden, ist eine Anhäufung von Fakten und beunruhigenden Verhaltensmustern. Die Fakten und das Verhalten des Irak beweisen, dass Saddam Hussein und sein Regime keinerlei Anstrengungen zur Entwaffnung unternommen haben, wie sie die internationale Gemeinschaft fordert."* Mehrfach hatten Regierungskreise in Washington und London zuvor darauf hingewiesen, Saddam Hussein verfüge über biologische und chemische Waffen und könne damit die USA angreifen. Die Tatsache, dass die unmittelbaren Nachbarn und Erzfeinde des Irak sich von dem durch jahrelange UN-Sanktionen massiv geschwächten Irak keineswegs bedroht fühlten, ließ man unberücksichtigt. Auch ein weit vorangeschrittenes Atomwaffenprogramm gäbe es, Saddam hätte Uran in Afrika eingekauft. Die abstruseste Lüge war aber die Verbindung, die zwischen Saddam Hussein und Al Quaida konstruiert wurde. Präsident Bush behauptete schon kurz nach dem 11. September, Saddam und Al Quaida würden *„gemeinsam arbeiten"* (work in concert). Auch Verteidigungsminister Rumsfeld sagte, es gäbe erhebliche *„Interaktionen zwischen Al Quaida und Leuten im Irak"*. Da Saddam Vorsitzender der säkularen Baath-Partei im Irak war und radikale Islamisten stets bekämpft hatte und diese auch ihn als Todfeind ansahen, ist diese Behauptung mehr als nur an den Haaren herbeigezogen. Eine Verbindung zwischen Saddam Hussein und Al Quaida wäre genauso widersinnig und verrückt wie eine Verbindung zwischen Assad und dem IS. Genau genommen muss man sogar feststellen, dass eine Verbindung zwischen der US-Regierung und entsprechenden Gruppen sehr viel naheliegender ist, denn in Afghanistan hat es sie gegeben und in Syrien gibt es sie in ähnlicher Form. Wenn wir also über Fake News reden und dabei die teuflischen Hacker des bösen, bösen Putin im Kopf haben, sollten wir die verrückte Tatsache nicht vergessen, dass noch heute 69 Prozent der Amerikaner glauben, Saddam Hussein sei verantwortlich für die Anschläge vom 11. September.

Powells Lügen vor der UN trugen damals wesentlich zum Kriegseintritt und zur notwendigen Zustimmung der Bevölkerung bei. Nahezu die gesamte US-Medienlandschaft berichtete im Anschluss über die angeblich unumstößlichen und vernichtend detaillierten Beweise Powells. Heute wissen wir, dass der Irak keine Massenvernichtungswaffen hatte und auch alle Verpflichtungen gegenüber der UN und der IAEA fristgerecht erfüllt hatte. Darunter war zum Beispiel ein 12.000 Seiten umfassender Rüstungsbericht über alle Details des Waffenbestands, verbunden mit der verbindlichen Zusage, auch alle

Altbestände offenzulegen und untersuchen zu lassen. Nicht wirklich witzig war dann auch später der gegenüber Journalisten witzelnde Präsident George Bush, der die Massenvernichtungswaffen im Oval Office suchte: *„Diese Massenvernichtungswaffen müssen doch irgendwo sein. Nee, auch dort keine Waffen. Vielleicht darunter?"* Wenn man bedenkt, dass die US-amerikanische Irakpolitik mit zwei Kriegen, jahrzehntelangem Embargo und bis heute andauernder Destabilisierung des Landes zu weit über einer Million toten Zivilisten geführt hat, ist diese Art von Humor schon etwas ganz Besonderes.

Die Unsitte, zum Erreichen bestimmter politischer Ziele auf Lügen zurückzugreifen, ist wirklich nichts Neues. Schon Thukydides warnte in seiner „Geschichte des Peleponnesischen Krieges" die späteren Geschichtsschreiber davor, dass *„die Zeugen der einzelnen Ereignisse nicht dasselbe über dasselbe aussagten, sondern je nach Gunst und Gedächtnis."* Insofern stellen Fake News ganz sicher ein sehr großes Problem dar. Aber die Lösung liegt ganz sicher nicht darin, mit dem Finger auf Putin zu zeigen und dadurch dann die verbale und militärische Aufrüstung gegen Russland zu rechtfertigen. Auch in der Krim-Krise ist das schon so passiert. Auch hier dasselbe festgefahrene Bild: Der Westen auf der Seite der eindeutig Guten, Russland als das eindeutig Böse. Wir auf der Seite der friedlichen Demonstranten, Russland als despotische, ganze Gebiete annektierende Großmacht. Die Vorgeschichte vom großen Gezerre um die Ukraine wird ausgeblendet. Die Tatsache, dass die Krim seit Ende des 18. Jahrhunderts Teil des Russischen Reiches gewesen ist, dass Nikita Chruschtschow sie 1954 anlässlich der 300-jährigen Zugehörigkeit der Sowjetrepublik Ukraine geschenkt hat, dass Chruschtschow selbst Ukrainer war und die Schenkung eher symbolischer Natur war, da sie unter dem Dach der Sowjetunion stattfand, bleibt unerwähnt. Ebenso wird kaum erklärt, dass - seit Katharina die Große regierte - auf der Krim die russische Schwarzmeerflotte stationiert ist und dass diese insbesondere für Russlands Einfluss in der konfliktträchtigen Mittelmeerregion von Bedeutung ist. Zumal der Einfluss der USA in dieser Region in den letzten Jahren auch aufgrund militärischer Interventionen erheblich ausgeweitet wurde. Wer weiß schon, dass die Krim seit dem Ende der Sowjetunion einen zwischen Moskau und Kiew vertraglich vereinbarten Sonderstatus genießt, der noch 2010 um weitere 42 Jahre verlängert wurde? Ohne die Schwarzmeerflotte hätte Russland beispielsweise 2008 im Kaukasuskrieg nicht derart schnell auf georgische Offensiven reagieren können.

Soll Russland nun also einen Staatsstreich in der Ukraine reaktionslos hinnehmen – einen Staatsstreich in diesem so eng mit seiner historisch gewachsenen Identität und seinen geostrategischen Interessen verwobenen Land? Schließlich muss das, was in der Ukraine geschehen ist, völkerrechtlich als Staatsstreich bezeichnet werden: Zunächst war die Absetzung Janukowitschs von 328 Abgeordneten beschlossen worden, obwohl laut Protokoll nur 248 anwesend waren. Eine spätere Amtsenthebung durch das Parlament scheiterte ebenso, weil die notwendige Dreiviertelmehrheit verfehlt wurde. Fakt ist, dass die Mehrheit der Bürger in der „Volksrepublik Donezk" die neue Regierung in Kiew mehrheitlich ablehnt und sich stärker nach Russland orientiert. Die Verflechtungen zwischen Russland und der Ukraine gehen auf eine jahrhundertelange Geschichte zurück. 60 Prozent der Bevölkerung auf der Krim sind ethnische Russen. Insgesamt ist die Ukraine ein zerrissenes Land, zum Teil nach Osten, zum Teil nach Westen orientiert. Laut einer Erhebung des Kiewer Rasumkow-Zentrums stimmten im April 2013 lediglich 42 Prozent der Befragten für ein Assoziierungsabkommen mit der EU, 33 Prozent stimmten für eine Zollunion mit Russland. Fakt ist: Die Mehrheit der russischsprachigen Bevölkerung in der Ukraine betrachtet die Entwicklungen seit den Demonstrationen auf dem Maidan mit Sorge. Und Fakt ist auch: Bei der Aufnahme der Krim in die Russische Föderation handelt es sich völkerrechtlich nicht um eine Annexion. Es ist vielmehr eine Sezession, eine Abspaltung, bestätigt durch ein Referendum, dem ein Antrag auf

Aufnahme in die Russische Föderation folgte, dem Moskau dann zustimmte. Und vielleicht wäre es niemals so weit gekommen, wenn der Westen die geostrategische und emotionale Bedeutung der Halbinsel Krim für Russland nicht unterschätzt hätte. Vielleicht wäre es mit Blick auf die wechselvolle Geschichte der Krim ratsam gewesen, der Ukraine die Wahl zwischen Westbindung und Russland zu ersparen und stattdessen unter Einbeziehung Russlands eine umfassende Lösung zu finden. Aber solche selbstkritischen Stimmen sind in unseren Medien rar gesät. Vielleicht können wir es uns auch gar nicht vorstellen, dass nicht alle Menschen dieser Welt sich nichts sehnlicher wünschen, als zum Westen zu gehören, einen westlichen Lebensstil zu pflegen und nach westlichen Wertvorstellungen und Regeln zu leben. Die vereinfachende und einseitige Berichterstattung über die Krimkrise deutet jedenfalls darauf hin.

„Putin annektiert die Krim", so lautet bis heute die populäre Überschrift in den deutschen Leitmedien. Fake News kommen von allen Seiten, auch von der unserer vermeintlichen Freunde. Es gab diese Lügen auch schon vor dem postfaktischen Zeitalter. Damals nannte man es Propaganda, und sie war wie auch der Krieg und die Diplomatie zu allen Zeiten ein Mittel der Politik.

Was sagt Assad zum Syrienkrieg?

Wie sieht eigentlich Assad selbst seine Rolle im Syrienkrieg? Im Sommer 2015 interviewte die britische BBC den syrischen Präsidenten in Damaskus. Einige Antworten auf die Fragen des Reporters sind besonders aufschlussreich. Zu Beginn des Interviews fragte der Reporter, ob Syrien angesichts 200.000 toter Syrer, Millionen Flüchtlingen und eines aufstrebenden IS als gescheiterter Staat bezeichnet werden könne. *„Nein,"* entgegnete Assad. *„Nicht solange, wie die staatlichen Institutionen und die Regierung ihre Verpflichtungen gegenüber der syrischen Bevölkerung erfüllen. Solange dies geschieht, kann von einem gescheiterten Staat nicht gesprochen werden. Was es gibt, ist Kontrollverlust. Dieser ist aber durch Einsickern von Terroristen ins Land begründet. Hier ist es die Verpflichtung der Regierung, Kontrolle wiederherzustellen und die Bevölkerung zu verteidigen."* Auf die Frage, ob Assad glaube, dass er selbst Fehler gemacht habe, antwortete Assad: *„Ich habe immer gesagt, Menschen machen Fehler. Aber es macht einen Unterschied, ob man über Politik oder die Praxis redet. Reden wir über Politik, so reden wir über die Entscheidung, Terrorismus von Beginn an zu bekämpfen, so reden wir über die Entscheidung, einen nationalen Dialog zu initiieren, und ich denke, beide Politiken sind richtig. Wenn wir über Fehler in der politischen Praxis reden, auch über solche, unter denen Zivilisten zu leiden hatten, so kommt dies manchmal vor. Wir* *haben einige Leute auch für diese Fehler bestraft.*" Im Jahr 2013 habe es Berichte gegeben, Assad sei auf ein russisches Kriegsschiff im Mittelmeer geflohen. *„Aber Sie sind noch hier, Ihre Familie ist noch hier. Denken Sie vielleicht – rückblickend – dass Sie glücklich davongekommen sind?"*

„Nein. Aus einem Grund: Hier geht es nicht um mich. Es geht um Syrien. Es geht um Terrorismus, und es geht darum, dass man den Staat verändern will. Dies ist kein persönliches Problem. Sie versuchen es immer zu personifizieren. Man versucht alles mit dem Präsidenten zu verbinden, aber es geht überhaupt nicht um den Präsidenten. Es ist als Präsident meine verfassungsmäßige Verpflichtung, das Land zu verteidigen und nicht abzuhauen und die Flucht zu ergreifen."

„Aber zu welchem Preis? Das Land liegt in Trümmern, hunderttausende sind tot. Sie sind der Befehlshaber. Sie müssen doch Verantwortung an zumindest einem Teil davon tragen."

„Meine verfassungsmäßige Verpflichtung und die ethische Verpflichtung meines Amtes trägt mir auf, unser Land, welches gegenwärtig angegriffen wird, zu verteidigen und nicht etwa zu fliehen und wegzurennen. Das ist es, was wir getan haben."

Auf den Vorwurf, die Regierung bombardiere Schulen, antwortete Assad: „*Was ist das Ziel, Schulen zu bombardieren? Realistisch: Warum sollte eine Regierung Schulen bombardieren? Was gewinnen wir dabei?*"

„*Haben Sie Schulen bombardiert?*"

„*Nein, definitiv nein. Warum? Wir haben kein Interesse daran. Lassen Sie einmal die Moral beiseite. Sprechen wir realistisch. Was ist das Ziel irgendeiner Armee, eine Schule zu bombardieren? Die Regierung wird den Wiederaufbau der Schule finanzieren müssen. Wir zahlen gegenwärtig die Erhaltung und den Wiederaufbau der zerstörten Schulen. Warum sollten wir also Schulen bombardieren? Warum sollten wir gezielt Schüler und Kinder töten? Was gewinnen wir denn dadurch?*"

„*Die Berichte von Lehrern aus den Rebellengebieten sind also Lügen?*"

„*Nochmal, es gibt einen Unterschied zwischen gezielten Angriffen auf Schulen und unerwünschten Kollateralschäden, die es in jedem Krieg gibt.*"

„*Haben Sie nachgedacht über all die Toten?*"

„*Das ist etwas, mit dem wir tagtäglich hier leben müssen. Seien es Tote der Opposition oder unsere Unterstützer. Ihre Familien, ihre Lieben. Ich selbst habe Freunde und Familien-*

mitglieder verloren. Wir leben hier damit, jeden Tag. "

In einem Interview mit dem russischen Sender Russia Today vom 14. Dezember 2016 antwortete Assad auf die Frage der Reporterin, warum er in Aleppo einigen Terroristen erlaubt habe, die Stadt zu verlassen, obwohl diese sich nun nach Idlib bewegen und sich dort wieder bewaffnen könnten:

„Man hat immer etwas zu verlieren und etwas zu gewinnen. Wenn der Gewinn größer ist als der Verlust, dann entscheidet man entsprechend. In diesem Fall lag unsere Priorität darauf, die Zerstörung des Gebietes zu verhindern und die Zivilisten dort zu schützen, den Zivilisten die Chance zu geben, die Gebiete zu verlassen in Richtung der von der Regierung kontrollierten Gebiete und auch denjenigen Terroristen, die ihre Meinung geändert haben und sich entschieden haben, mit der Regierung zu leben und in ihr normales Leben zurückzukehren, diese Chance zu geben und ihnen Amnestie zu geben. Wenn sie das nicht tun, dann können sie sich tatsächlich mit ihren Waffen zurückziehen. Das ist es dann, was wir verlieren. Aber das ist nicht unsere Priorität. Wenn wir außerhalb der Stadt mit ihnen kämpfen können, werden wir weniger zivile Opfer zu beklagen haben. Die Terroristen sind aber auch Menschen. Sie haben aus verschiedensten Gründen entschieden, sich den Terroristen anzuschließen. Aus Furcht. Für das

Geld. Manchmal aufgrund der Ideologie. Wenn man sie also zu ihrem normalen Leben als Bürger zurückbringen kann, dann ist das der Job der Regierung. Es reicht nicht aus zu sagen, man werde Terroristen bekämpfen. Der Kampf gegen Terroristen ist wie ein Videospiel. Sie können die Terroristen bekämpfen, aber das Videospiel wird tausende neue Feinde erzeugen. Der eindimensionale amerikanische Weg des Tötens und Tötens funktioniert also nicht. Das ist auch nicht unser Ziel. Das ist nur die letzte Option. Unsere Politik war diesbezüglich erfolgreich. Wir haben viele ehemalige Terroristen, die zu ihrem normalen Leben zurückgekehrt sind. Viele von ihnen kämpfen jetzt sogar in der syrischen Armee gegen die anderen Terroristen. Dies ist aus unserer Sicht ein Erfolg."

All dies klingt nicht nach dem kompromisslosen Tyrannen, der aus persönlicher Großmannssucht das ganze Land zerstört. Im Westen konzentriert man sich bis heute bei der Urteilsbildung auf die angeblich undemokratische Tatsache, dass mit den Alawiten eine Minderheit das Land regiert. Demokratie bedeutet aber mehr als Mehrheitsherrschaft. Im Gegenteil, eine Tyrannei der Mehrheit ist eben nicht demokratisch. Mindestens genauso bedeutend wie die Repräsentationsverhältnisse sind Stabilität und Minderheitenschutz. Syrien lässt sich – wie alle Staaten des Nahen Ostens - nur schwer mit westlichen Demokratien vergleichen. Dennoch kommt das laizistische System der Baath-Partei unserer Vorstellung davon, wie ein Staat sein sollte, am nächsten. Dies trifft insbesondere dann zu, wenn man die mögliche Alternative eines islamistischen Kalifats berücksichtigt.

Die Stimme der Opposition

Wer steht denn auf der anderen Seite, auf der Seite, die auch der Westen – neben der Türkei, den Golfstaaten und Saudi-Arabien – tatkräftig unterstützt? Der Chefunterhändler der syrischen Opposition bei den Friedensgesprächen in Genf und auch im kasachischen Astana war und ist Mohammad Alloush. Wie auch sein im Dezember 2015 bei einem Luftangriff getöteter Cousin Zahran Alloush ist Mohammad Führungsmitglied der kampfstarken Dschaisch al-Islam. Der islamistischen Gruppierung werden schwere Menschenrechtsverbrechen angelastet. Im Winter 2015 etwa sperrten sie Alawiten in eigens angefertigte Metallkäfige, die sie auf den Ladeflächen von Pickups demonstrativ durch Ghouta fuhren, um sie schließlich als menschliche Schutzschilde auf militärischen Einrichtungen zu platzieren und die folgenden Luftangriffe abzuwarten. Die Familie Alloush stammt aus Ghouta, einem Vorwort von Damaskus. Zahrans Vater - Mohammads Onkel – ist ein in Saudi-Arabien ansässiger salafistischer Geistlicher. Während Mohammad erst nach dem Tod seines Cousins im Dezember 2015 in Erscheinung trat und seine ideologischen Wurzeln nur selten durch öffentliche Äußerungen erkennen ließ, hielt Zahran mehrere unter Islamisten der syrischen Opposition viel beachtete Reden. Die folgenden Auszüge aus einer seiner bekanntesten Reden, die Dschaisch al-Islam in einem Propagandavideo zur Anwerbung neuer Kämpfer gegen Assad verwendete, geben Einblicke in die Ideologie der Gruppe:

„Die Magi (arabischer Ausdruck für Zoroastrier; gemeint sind Perser) der Rafida (arabischer Ausdruck für die „vom wahren Glauben Abgefallenen"; gemeint sind die Schiiten) und die Nusarier (Alawiten) belagern Ghouta. Sie behaupten, sie wollen die Errichtung eines neuen Kalifats, ähnlich wie das Omayyaden-Kalifat, verhindern. (Anmerkung: Unter dem auf die vier rechtgeleiteten Kalifen folgenden Omayyaden-Kalifat hatte das islamische Imperium um das Jahr 750 seine größte Ausdehnung - von Pakistan bis zur Iberischen Halbinsel.*)*

Ich bringe euch unreinen Rafida (Schiiten) gute Nachrichten, nämlich dass, genau wie die Söhne des Omayyaden-Kalifats damals eure Köpfe zerquetscht haben, die Menschen in Ghouta und der ganzen Levante (Allegorie für das Morgenland) später eure Köpfe zerquetschen werden. Sie werden euch die Hölle der Folter in dieser Welt spüren lassen, bevor Allah sie euch spüren lassen wird am Tag des Jüngsten Gerichts.

Unreine Rafida, ihr sollt zur Rechenschaft gezogen werden von der Macht, die die islamische Armee der Mujaheddin genießt, in der Levante, bis sie euch die Hölle der Folter spüren lassen.

Die Unreinen wollen kein erneutes Omayyaden-Kalifat, weil es dieses Kalifat war, das den Ruhm des Persischen Reiches damals beendete. Das Omayyaden-Kalifat hatte ihre Köpfe zerquetscht und das Reich der Wahrheit, Gerechtigkeit und des Monotheismus errichtet. Ja, wir sind stolz auf das Omayyaden-Kalifat, dessen Hauptstadt Damaskus gewesen ist. (...) Oh Mujaheddin, erhebt euch und verhelft euren Brüdern zum Sieg! Wir, die Dschaisch al-Islam, heißen die Mujaheddin aus aller Welt willkommen. Mögen sie uns zum Sieg verhelfen und mit uns gemeinsam kämpfen, gemeinsam in den Reihen der Sunna, der Sunna des Propheten, derjenigen, die die Flagge des Monotheismus hoch halten und Erniedrigung und Zerstörung ertragen, um die Magi (Perser) zu bekämpfen, die die Feinde Allahs sind, bis wir die Levante von ihrer Abscheulichkeit und Sündhaftigkeit gereinigt haben. Erhebt euch und verhelft euren Brüdern zum Sieg, oh ihr Gläubigen! Denn das Paradies erwartet euch!"

Ist es im deutschen Interesse, eine aus diesem ideologischen Holz geschnitzte Opposition rhetorisch gegen Assad zu verteidigen? Nun, im deutschen Interesse ist vor allem ein stabiles Syrien, wie überhaupt stabile Staaten in der Region. Wenn man also in Deutschland für die Bekämpfung von Fluchtursachen wirbt und sich gleichzeitig im Syrienkonflikt lautstark auf der Seite positioniert, die für die Verlängerung des Krieges und Destabilisierung des Landes hauptverantwortlich war, handelt man gegen die eigenen Interessen. Der Krieg in Syrien stellt eine der Hauptfluchtursachen dar. Die Stabilisierung und Befriedung des Landes ist daher auch im Interesse Deutschlands. Vielleicht wäre es also angebracht, endlich von der moralisch begründeten Forderung nach einer Zukunft ohne Assad abzurücken und sich nicht weiter an der Destabilisierung und Zerstörung des Staates Syrien zu beteiligen. Mit einem weniger durch die vermeintlich ethisch-moralische Brille getrübten, nüchternen Blick auf die Tatsachen würde man in Deutschland dann vielleicht auch einen Beitrag zur Beendigung des unermesslichen Leids des syrischen Volkes leisten können. Die bis heute in dem Konflikt vorherrschende Politik und vor allem Rhetorik verschärft und multipliziert jedenfalls eher die Fluchtursachen in Syrien.

Der Euro und die Arabellion

Der Bürger- und Stellvertreterkrieg in Syrien wurde mit ausgelöst durch die Protestbewegungen und Revolutionen des sogenannten Arabischen Frühlings, die 2010 von Tunesien ausgehend nach und nach auf 16 Länder in der Region übergriffen. Alles begann mit der Selbstverbrennung des Gemüseverkäufers Mohammed Bouazizi in der zentraltunesischen Stadt Sidi Bouzid. Der Funke aus seinem Feuerzeug wurde zu einem Flächenbrand, der die gesamte Region entzündete. Wie verzweifelt muss der 26-Jährige gewesen sein, um seinem Leben unter derartigen Schmerzen ein Ende zu setzen? Und wie konnte es sein, dass sein Schicksal Millionen Menschen in mehr als einem Dutzend Ländern zu Protesten, Revolten und Umstürzen ihrer autoritären Regierungen ermutigte?

Mohammed Bouazizi wurde 1984 geboren. Sein Vater starb früh, und so war es Mohammed, der seine Mutter und seine fünf Halbgeschwister unterstützen musste. Bereits als Zehnjähriger verdiente er Geld für den Unterhalt der Familie als Gemüsehändler. Seine Schule musste er aufgrund der Doppelbelastung abbrechen. Seine Bewerbungen bei Staatsbetrieben und der Armee wurden jedes Mal abgelehnt. Die Beziehung zu seiner Freundin ging in die Brüche, denn das Geld für die teure Hochzeit konnte er unmöglich aufbringen. Zwei Versuche, nach Europa auszuwandern, hatte er bereits hinter sich. Beide Male war er von der Polizei aufgegriffen und monatelang ins Gefängnis gesteckt worden. Mohammed Bouazizi blieb am Ende nur sein Gemüsehandel. Jeden Tag schob er seinen Karren mehrere Kilometer vom Großmarkt zum Gemüsemarkt im Armenviertel von Sidi Bouzid. Jeden Tag verdiente er nur etwa 5 Euro. Jeden Tag musste er die Polizei fürchten, denn er hatte keine Verkaufslizenz und konnte das Geld für die Bestechung der Beamten auch nicht aufbringen. Am 17. Dezember 2010 wollten Polizisten seine Waage konfiszieren. Bouazizi - erniedrigt und in die Enge getrieben - weigerte sich, sie auszuhändigen. Daraufhin ohrfeigte ihn die Polizistin, warf ihn mithilfe ihres Kollegen zu Boden und beschlagnahmte seinen gesamten Karren. Der junge Gemüsehändler, gedemütigt, voller Zorn und seiner letzten Lebensgrundlagen beraubt, ging zur Stadtverwaltung und verlangte nach einem Verantwortlichen. Als ihm auch dieses Gespräch verwehrt wurde, kaufte er sich eine Flasche Brennspiritus und goss diese über sich aus. Die korrupten Beamten verfluchend sprang er auf und nieder und hantierte mit seinem Feuerzeug, bis der Funke übersprang und sein ganzer Körper Feuer fing. Knapp drei Wochen später erlag er seinen Verletzungen im Krankenhaus von Ben Arous.

Mohammed Bouazizis tragische Geschichte konnte den Zorn von Millionen Menschen entfachen, sein Schicksal hat eine politische Bewegung ausgelöst, die jahrzehntelange Herrschaftssysteme zu Fall brachte. Dies war nur deshalb möglich, weil in seiner Person die ganze Tragweite der über Jahrzehnte angestauten Probleme dieser Weltregion sichtbar wurde. So wie Bouazizi selbst sind 75 Prozent der Menschen in der arabischen Welt unter 30 Jahre alt. So wie für ihn gibt es für so viele andere keine Partizipationsmöglichkeiten am Arbeitsmarkt. Und so wie er leiden sehr viele junge Menschen nicht nur an der Perspektivlosigkeit, sowohl auch an den korrupten Behörden und den überkommenen gesellschaftlichen Strukturen, die ihnen ein Leben in Freiheit und gesellschaftliche Partizipation unmöglich machen: Staatliche soziale Sicherungssysteme existieren nur rudimentär, wodurch soziale Absicherung nur durch die Familie erfolgen kann. Die jungen Männer und Frauen leben in der Regel bis zur Hochzeit bei ihren Eltern. Ein unabhängiges Leben als vollwertiger Erwachsener ist erst nach der Hochzeit möglich, die aber – so verlangen es die strengen Sitten – extrem teuer und für viele nicht finanzierbar ist. So bleibt ein Leben ohne echte Perspektive im engen Kreis der Familie. Das von äußeren Zwängen bestimmte Dasein steht so im engen Kontrast zum Traum von persönlicher Freiheit, sozialer Sicherheit und wirtschaftlicher Unabhängigkeit. Und das eigene Leben steht im Kontrast zu den Bildern, die die jungen Menschen täglich im Internet und auf ihren Smartphones sehen. Bilder der Reichen und Schönen in Europa, Werbebilder der westlichen Markenwelt, aber auch Fotos von den kleinen Erfolgen derjenigen Verwandten und Bekannten, die es bis nach Westeuropa geschafft und sich dort ein

Leben aufgebaut haben. Gerade weil Mohammed Bouazizis Schicksal die Unzufriedenheit so vieler junger Menschen repräsentierte, konnte es zum Auslöser das Arabischen Frühlings werden. Via Facebook und Twitter verbreiteten sich die Proteste von Unterstützern des im Sterben Liegenden, sodass Al Jazeera auf die Story aufmerksam wurde. Der aus dem Emirat Katar ausgestrahlte Satellitensender genießt in der gesamten arabischen Welt wegen seiner von den autoritären Regimen unabhängigen Berichterstattung einen hervorragenden Ruf. Die Bilder der wütenden und mutigen Demonstranten waren nun im Fernsehen und fanden so den Weg in so gut wie jedes Wohnzimmer im Nahen Osten und den Maghreb-Staaten. Alles andere ist Geschichte. Die Demonstrationen sprangen auf die Hauptstadt Tunis über, Ben Ali – seit 1987 Präsident der Tunesischen Republik - wurde gestürzt und floh mit seiner Frau und 1,5 Tonnen Gold sowie 445 Millionen Euro nach Saudi-Arabien. Ermutigt durch das in Tunesien Erreichte sprang die Protestbewegung auf andere Staaten über. Was hoffnungsvoll und als Freiheitsbewegung begann, endete aber in den meisten Fällen in Staatszerfall und Chaos, woraus die Machtübernahme noch schlimmerer Autokraten folgte. In Ägypten übernahmen die Muslimbrüder, die wiederum 2012 vom Militär geputscht wurden. Heute regiert Präsident as-Sisi mit harter Hand. Die Menschen leiden unter der stagnierenden

Wirtschaft und der galoppierenden Inflation. Viele Demonstranten von damals wünschen sich Mubarak zurück. In Libyen kam es zum Bürgerkrieg und in der Folge zur völkerrechtswidrigen Intervention der NATO, die zum Sturz Gaddafis führte, der von Milizen ergriffen und zu Tode gefoltert wurde. Am 4. Dezember 2013 wurde in Libyen die Scharia als Rechtssystem eingeführt. Seit dem Ende des Bürgerkriegs wurden mehr als 6000 Libyer ohne Anklage und ohne Prozess inhaftiert. Weite Teile des Landes sind bis heute destabilisiert. Die Regierung kämpft mit einem hohen Defizit und hat Schwierigkeiten, die Gehälter zu zahlen oder Energie-Rechnungen zu begleichen. Zwischenzeitlich wurde Libyen zu einer Hochburg des IS. Auch in Syrien kam es zu Staatszerfall und Bürgerkrieg, nur in noch viel schlimmerem Ausmaß. In zahlreichen anderen Staaten der Region – etwa in Jemen, Bahrein, Algerien oder Marokko – wurden die Proteste unterdrückt. Um an der Macht bleiben zu können, machten die Regierungen zahlreiche Zugeständnisse. Die tiefer liegenden Probleme wurden jedoch nicht gelöst, sind auch gar nicht kurzfristig lösbar. So glüht das von Mohammed Bouazizi entzündete Feuer unter der Oberfläche weiter und viele junge Menschen sehen weiter die Migration nach Westeuropa als naheliegende Lösung ihrer persönlichen Misere.

Neben den vielen Faktoren, die zur sozialen Unsicherheit und

Perspektivlosigkeit beitragen und so die Revolten mit auslösten, darf aber ein Aspekt nicht vergessen werden: Jede Revolution hat auch eine soziale Komponente. Präziser gesagt ist eigentlich jede Revolution im Kern sozial begründet. Das gilt ebenso für die Französische Revolution wie für den Mauerfall, für die Islamische Revolution im Iran wie für die Russische Revolution. Und es gilt eben auch für die Arabellion, die es ohne die Vorgeschichte von massiv gestiegenen Grundnahrungsmittelpreisen nicht gegeben hätte. So waren die Proteste des Arabischen Frühlings zu einem guten Stück auch Brotunruhen und *„Brot, Freiheit, Würde!"* wurde zum Schlachtruf der Demonstranten. Aber wie war es zu den starken Preissteigerungen gekommen? Warum hatten sich die Weltmarktpreise für Weizen, Mais, Reis und Soja zwischen 2007 und 2008 verdoppelt oder sogar verdreifacht? Und welche Rolle spielte Europa dabei?

Preise sind das Ergebnis aus der Wechselwirkung von Angebot und Nachfrage. Im Jahr 2008 waren die Weltmarktpreise insbesondere für Weizen drastisch gestiegen, was auf ein Missverhältnis zwischen Angebot und Nachfrage hindeutet. Das Angebot hatte sich einerseits durch Missernten sowie durch die Ausweitung der flächenintensiven Fleischproduktion in den Vorjahren verknappt. Hinzu kam die aus Europa subventionierte Konkurrenz von Anbauflächen für Biokraftstoffe.

Auch die Markteinführung des Super-E10-Kraftstoffs spielte und spielt eine Rolle bei der Verknappung von Ackerflächen für den Lebensmittelanbau.

Noch wichtiger als die Verknappung des Angebots war aber die rasant gestiegene Nachfrage. Neben dem globalen Bevölkerungswachstum spielten hier die expansiven Geldpolitiken in den Industrieländern eine Rolle. An dieser Stelle kommt der Euro ins Spiel. Infolge der Finanz- und Wirtschaftskrise von 2007 betrieben sowohl die amerikanische Federal Reserve wie auch die europäische EZB eine extrem expansive Geldpolitik. Dadurch wurden die Weltrohstoffmärkte mit Unmengen frisch gedruckten Geldes geschwemmt. So entstand eine stark steigende Nachfrage nach kurzfristigen Anlagemöglichkeiten, die sich in explodierenden Preisen für Rohstoffe und Nahrungsmittel niederschlugen. Als die Proteste 2010 in Tunesien begannen, lagen die Weizenpreise mehr als 300 Prozent über dem Niveau von 2001, die Ölpreise sogar 500 Prozent darüber. Die „Rettungsaktionen" der EZB haben maßgeblich zu diesen Preissteigerungen beigetragen. Diese Rettungspolitik ist dabei auch und besonders eine Folge der von Deutschland vehement vorangetriebenen Austeritätspolitik in den hochverschuldeten Staaten des Euroraumes. Durch die von der Troika auferlegten und von der Bundesregierung propagierten Spardiktate sanken in den Südländern die Masseneinkommen und damit die gesamtwirtschaftliche Nachfrage. Die Unternehmen konnten ihre Güter nur noch absetzen, wenn sie die Preise senkten. So kam es zu Deflationstrends, die von der Zentralbank besonders gefürchtet werden, da die mit der Deflation einhergehenden sinkenden Preise zu abwartendem Konsumentenverhalten und somit zur volkswirtschaftlichen Stagnation führen können. Gerade weil die Deflation so gefährlich ist, definiert die EZB das im Rahmen ihres Mandats angestrebte Ziel von Preisstabilität als leichte Inflation nahe der Marke von zwei Prozent. Infolge der Eurokrise lag diese Marke aber in weiter Entfernung; die Teuerungsrate näherte sich in ihrem Abwärtstrend der gefürchteten Null-Prozent-Marke. So steuerte die EZB mit ihrer expansiven Geldpolitik gegen: Niedrigzinsen, dicke Bertha und Anleihekäufe führten zu einer rasant wachsenden Geldmenge – bei gleichbleibender Warenmenge. Dieses Geld suchte nun dringend nach Anlagemöglichkeiten. Da Wertsteigerungen besonders in den Segmenten zu erwarten sind, in denen zukünftig eine Knappheit herrschen wird, waren Lebensmittel naheliegend. Schließlich sahen auch Analysten und Anleger, dass die Weltbevölkerung weiter rasant wuchs und Ackerflächen zunehmend rar wurden.

Die steigenden Lebensmittelpreise wirkten nun wie ein Katalysator auf die ohnehin schon schwelende Unzufriedenheit der Massen in Nahost und Nordafrika. Da arme Bevölkerungsschichten einen Großteil ihrer Einkommen für Lebensmittel und Energie aufwenden, brachte der drastische Preisanstieg für Brot das Fass 2010 zum Überlaufen. Die neun größten Weizenimporteure der Welt sind Länder im Nahen Osten und Nordafrika. Sieben dieser Staaten erlebten blutige Unruhen, darunter Marokko, Algerien, Libyen, Syrien, Ägypten und Tunesien. Von den steigenden Ölpreisen hingegen profitierten nur die Eliten der ölreichen Staaten. Der Großteil der Bevölkerung in den mit weniger Ölreichtum gesegneten Ländern litt hingegen zusätzlich an den steigenden Benzinpreisen.

In mehreren unterschiedlichen Studien wurde mittlerweile anhand empirischer Daten der Zusammenhang zwischen expansiver Geldpolitik und den Protesten und Umbrüchen in der arabischen Welt belegt. Und die Geldpolitik der Europäischen Zentralbank ist auch eine Folge der Politik der Bundesregierung. Denn um den stagnierenden Preisen im Euroraum entgegenzuwirken, sah das Institut sich gezwungen, mit einer Ausweitung der Geldmenge zu reagieren. Das Geldmengenwachstum trug aber nicht zur dauerhaften Lösung der Probleme im Euroraum bei, weil die Konstruktionsmängel des Euros nicht beseitigt wurden. Es ist und bleibt eine unangenehme Wahrheit, die nicht passt zur wohlklingenden Idee von einem immer weiter zusammenwachsenden Europa: Der Euro ist eine Fehlkonstruktion. Die Volkswirtschaften der südeuropäischen

Euroländer haben völlig andere Voraussetzungen und können ihre Schwäche im Vergleich zu Deutschland nicht einfach durch ein paar EU-Strukturhilfen oder den Abbau ihrer Staatsquoten ausgleichen. Die Produktivitätsunterschiede zwischen den Ländern werden nicht aufgehoben durch ein Wettrennen hin zu immer billigerer Produktion. Im Gegenteil, die soziale Spaltung innerhalb der Gesellschaften nimmt zu und das Verhältnis von Kapitaleinkommen zu Arbeitseinkommen wird immer größer. Mit dem Euro fehlt den Südländern die Möglichkeit, die sie früher so oft zum Abbau ihrer Leistungsbilanzdefizite genutzt haben: Sie können ihre Währung nicht mehr abwerten. So können sie ihre Produktion auch nicht mehr auf diesem Wege verbilligen. Die Produktivitätsunterschiede bleiben aber weitgehend bestehen, sodass die produzierten Güter und Dienstleistungen nicht zu einem wettbewerbsfähigen Preis angeboten werden. Durch eine Sparpolitik können diese Unterschiede auch nicht beseitigt werden, da in den Südländern völlig andere Produktionsbedingungen und eine ganz andere Infrastruktur bestehen. Daher ist es auch ein Trugschluss, Eurogegner als Europafeinde zu brandmarken. Das Gegenteil ist der Fall: Es ist der Euro, der Europa spaltet und das griechische Prekariat in den Demonstrationen gegen Merkel auf die Straße treibt.

Ungeachtet dieser in der Fehlkonstruktion des Euro begründeten Unlösbarkeit der Probleme handelt die EZB innerhalb ihres Mandats. Und es ist nun einmal ihre Aufgabe, die Preise stabil zu halten und ganz besonders deflationäre Tendenzen zu bekämpfen. Die Preise sinken beziehungsweise stagnieren aber zwangsläufig, wenn die Masseneinkommen sinken und staatliche Transferleistungen durch Sozialabbau gekürzt werden. Und gerade auf diese sinkenden Einkommen hat die Bundesregierung mit ihrer Austeritätspolitik hingewirkt: Die betroffenen Staaten wurden zur Senkung ihrer Staatsquoten und zu Wirtschaftsreformen zur Steigerung der Produktivität genötigt. Mit anderen Worten: Sie mussten innerhalb des Korsetts der für sie viel zu harten Währung einen erbarmungslosen Sparkurs fahren. Dieser Sparkurs führte zum Einbrechen der Nachfrage, dies wiederum zu stagnierenden und sinkenden Preisen, worauf die EZB mit einer bis heute anhaltenden Geldschwemme reagierte. Allmonatlich überschwemmt die EZB die Märkte mit 80 Milliarden Euro frischem Zentralbankgeld. Bis Ende 2017 wird sie Papiere im Wert von 2,2 Billionen Euro gekauft haben. Ein nennenswerter Erfolg dieser Strategie ist bislang ausgeblieben: Die Inflationsrate im Euroraum bleibt niedrig und schwankt höchstens parallel zum schwankenden Ölpreis, der wiederum mit den Maßnahmen Draghis nichts zu tun hat. Die Nebenwirkungen dieser Geldpolitik sind dafür umso stärker spürbar: Steigende Immobilienpreise in deutschen Großstädten, in den Himmel wachsende Umsätze auf den von der Realwirtschaft völlig abgekoppelten Finanzmärkten und eben auch erhebliche Schwankungen der Weltmarktpreise für Lebensmittel, mit den genannten Folgen. Wenn auch indirekt, hat die Politik der Bundesregierung in der Eurokrise also zu einer Situation beigetragen, die zur Flucht Hunderttausender und zur Destabilisierung weiter Teile des Nahen Ostens und Nordafrikas geführt hat.

Konkrete Bekämpfung von Fluchtursachen

Was schlägt die Bundesregierung konkret vor, wenn es um die Bekämpfung von Fluchtursachen geht? Auf der Homepage der Bundesregierung heißt es: *„Deutschland unterstützt seit vielen Jahren den Kampf gegen Fluchtursachen – bilateral, gemeinsam mit anderen Industriestaaten, der EU und internationalen Organisationen. Dabei sind – je nach Situation – schnelle humanitäre Hilfe oder langfristige Entwicklungszusammenarbeit, Diplomatie oder militärische Zusammenarbeit gefragt. "*

Schauen wir uns die genannten Punkte einmal an. Die zunächst genannte *schnelle humanitäre Hilfe* kann nur eine Hilfe in der Not sein und kann somit Flucht verursachende Not nur kurzfristig lindern. Die Ursachen dieser Not können durch humanitäre Hilfe nicht gelindert werden. Durch die Zahlung von Hartz IV findet der Hartz-IV-Empfänger ja auch nicht

124

den Weg aus seiner Arbeitslosigkeit. Genauso wenig kann Nothilfe die Ursachen von Not bekämpfen, sondern nur kurzfristig abmildern. Durch humanitäre Hilfe kann die Flucht von Menschen also möglicherweise verzögert werden; mit echter Ursachenbekämpfung kann man sie aber nicht gleichsetzen.

Der zweite genannte Punkt ist die langfristige *Entwicklungszusammenarbeit*. Seit Jahrzehnten wird durch die Bundesrepublik Entwicklungspolitik betrieben. Nach den USA und Großbritannien ist Deutschland das drittgrößte Geberland von Entwicklungshilfe. 2015 lagen die Ausgaben für ODA (Official Development Assistance) bei 12,4 Milliarden Euro. Die Flüchtlingskrise konnte dadurch aber bekanntlich nicht verhindert werden. Im Gegenteil: Experten kritisieren seit Jahren, dass die deutsche Entwicklungshilfe nicht nur ein Milliardengrab sei, sondern sich auch noch kontraproduktiv auf die Entwicklung im Nehmerland auswirke. Volker Seitz, ehemaliger Botschafter von Kamerun, der Zentralafrikanischen Republik und Äquatorialguineas, attestiert der auf Afrika gerichteten Entwicklungshilfe für die letzten 50 Jahre kaum Fortschritte. Die Gelder hätten vorwiegend den Regierenden genutzt, die selbst für das größte Elend verantwortlich seien. Insbesondere das durch Entwicklungshilfe wegbrechende Prinzip der Eigenverantwortlichkeit führe dazu, dass die Länder einfach nicht auf die Beine kämen. Tatsächlich ist ein Großteil der geschätzten 600 bis 800 Milliarden Euro Entwicklungshilfe, die afrikanische Staaten seit ihrer Unabhängigkeit erhalten haben, in dunklen Kanälen versickert. Statt nur mehr Fremdförderung von außen zu betreiben, wäre es effektiver, wenn die Menschen vor Ort Unterstützung bei der Entwicklung eigener Ideen bekämen. Das sehen auch viele Experten aus den Nehmerländern ähnlich, so etwa der nigerianische Literaturnobelpreisträger Wole Soyinka, der ugandische Journalist Andrew Mwenda, der Wirtschaftswissenschaftler George Ayittey aus Ghana sowie der südafrikanische Publizist Moeletsi Mbeki. Die Gegner der deutschen Entwicklungshilfe werden immer zahlreicher. Sie bemängeln, dass Entwicklungshilfe den Gesellschaftsvertrag störe, da ohne demokratisches und wechselwirksames Zusammenspiel von Ausgaben und Steuern der Staat nicht funktionieren könne. Sie kritisieren eine Entwicklungspolitik mit gigantischem Personal- und Finanzaufwand, die nicht einmal Minimalziele erreiche. Sie kritisieren das Geschäft mit der Entwicklungshilfe, von dem allein in Deutschland rund 100.000 Menschen leben. Sie machen aufmerksam auf die immer noch maroden Bildungs- und Gesundheitssysteme in ihren Ländern und auf ihre Eliten, die das Volksvermögen rauben und ins Ausland transferieren. Sie erklären, dass Entwicklungshilfe die Menschen in Afrika in ihrer Unselbstständigkeit bestärkt habe und sie entmündige.

Und sie richten sich auch an Deutschland mit der Mahnung, dass wir uns eines Tages fragen lassen müssen, warum wir wider besseres Wissen die korrupten alten Männer, die jahrzehntelang Macht und Kontrolle über die Bevölkerungen hatten, so lange unterstützt haben.

Der dritte Punkt ist die *Diplomatie*. Was genau gemeint ist, wird nicht erläutert. Zumindest in Bezug auf die Flüchtlingskrise kann man aber Merkels Diplomatie als komplett gescheitert betiteln. Ihr Modell einer europäischen Lösung wird von keinem der europäischen Staats- und Regierungschefs mehr unterstützt. Deutschland hat sich mit seiner wenig diplomatischen Diplomatie in Europa isoliert. Alle diejenigen, die den angeblich alternativlosen Weg nicht mitgehen wollten, wurden moralisch degradiert und ihnen wurde mindestens indirekt vorgeworfen, Politik gegen Flüchtlinge zu betreiben oder das europäische Projekt zu beschädigen. Am Ende beschreitet nur noch Deutschland allein seinen Sonderweg. Was für eine historische Niederlage deutscher Diplomatie.

Der vierte und letzte Punkt ist die *militärische Zusammenarbeit*. Ob hier wohl die Waffenexporte gemeint sind? Im Jahr 2015 war Deutschland hinter den USA und Russland drittgrößter Waffenexporteur weltweit. Deutsche Unternehmen verkauften Rüstungsgüter im Wert von 4,78 Milliarden US-

Dollar, Kleinwaffen und Munition nicht mitgerechnet. Die wichtigsten Abnehmer waren Länder aus dem Krisengürtel Nahost-Nordafrika, zum Beispiel Saudi-Arabien, Algerien, Ägypten, Katar, Jordanien, Kuwait, Irak oder Oman. Besonders die Exporte nach Saudi-Arabien sorgen seit Jahren immer wieder für Kritik. Neben der destruktiven Rolle, die das Land im Syrienkrieg eingenommen hat, werden Saudi-Arabien auch im Inneren immer wieder erhebliche Menschenrechtsverstöße vorgeworfen. Außerdem greift Riad als aktivster Akteur in den Bürgerkrieg im Jemen ein. In Saudi-Arabien ist der Islam Staatsreligion und die Scharia die Rechtsgrundlage. Die Auslegung der Religion erfolgt dabei besonders streng, denn mit dem Wahhabismus hat sich eine ultrakonservative theokratische Strömung der hanbalitischen Rechtsschule in dem Land etabliert. Seitdem sich das Königshaus Al-Saud im später 18. Jahrhundert mit den Anhängern Abd al-Wahhabs verbündete, legitimiert die saudische Dynastie ihren Machtanspruch religiös. Die Meinungsfreiheit ist stark eingeschränkt und es werden auch heute noch drakonische Strafen wie Auspeitschung oder Steinigung verhängt. Für den Abfall vom Glauben oder Homosexualität wird die Todesstrafe verhängt, Frauen ist das Autofahren gesetzlich verboten. Zudem fördert Riad diese Form des Islam mithilfe von Milliarden Petrodollars überall in der Welt. Ohne die ideologische und finanzielle Geburtshilfe aus Saudi-Arabien gäbe es zum Beispiel keine deutschen Salafisten. Weltanschaulich gibt es eigentlich keinen Unterschied zwischen dem Wahhabismus und dem IS. Wenn wir heute mit Erschrecken und Unverständnis Bilder von Kämpfern des IS sehen, die uralte Gräber schänden oder Weltkulturerbe zerstören, so müssen wir erkennen, dass die ideologischen Wurzeln dieses Verhaltens im Wahhabismus liegen. Der wahhabitische Islam untersagt Gebete, die Bezug nehmen auf Heilige oder Verstorbene und verlangt bedingungslosen Gehorsam gegenüber dem einzigen Gott. Auch den Märtyrergedanken haben die Wahhabiten in die Neuzeit eingeführt, als sie zu Beginn des 19. Jahrhunderts das Gebiet des heutigen Saudi-Arabien unterwarfen und die eroberten Stämme vor die Wahl stellten zwischen Tod oder Unterwerfung. Die gefallenen Kämpfer würden direkt ins Paradies eingehen. Diese Ideologie machte die Truppen besonders wagemutig und kampfeslustig, wodurch sie gegenüber den anderen Stämmen einen strategischen Vorteil hatten. So ergriffen die Verteidiger der heiligen Stätten in Mekka und Medina kampflos die Flucht, als die Wahhabiten einmarschierten. Der moderne Dschihad war erfunden. Nach ihrem Einmarsch zerstörten diese dann die Gräber bedeutender Heiliger der islamischen Frühgeschichte. Jede Verehrung, die sich nicht direkt an Gott richtet, wurde und wird schließlich als Götzendienst betrachtet. Die Parallelen zu Al Quaida und IS sind frappierend. Wie bereits gesagt, dieses Land ist einer der Hauptabnehmer deutscher Rüstungsgüter. Ist dies die militärische Zusammenarbeit, die von der Bundesregierung in Bezug auf die Bekämpfung der Fluchtursachen gemeint ist? Was soll bei einer solchen Kooperation herauskommen? Ist es nicht kontraproduktiv, Staaten in Konfliktregionen oder Staaten, die eine zweifelhafte, gefährliche Ideologie in alle Welt verbreiten, mit Rüstungsgütern zu unterstützen? Heizt dies die Konflikte nicht noch weiter an? Ist nicht auch diesem Punkt die Bundesrepublik eher ein Fluchtursachen verstärkender Faktor? Warum wundern wir uns eigentlich, wenn wir Staaten mit Waffen unterstützen, die dann mit diesen Waffen die Region destabilisieren und eine gefährliche Ideologie verbreiten, wenn später Flüchtlinge bei uns anklopfen? Was hat der Punkt *militärische Zusammenarbeit* mit der Bekämpfung von Fluchtursachen zu tun, wenn wir bis heute gerade mit den Staaten zusammenarbeiten, die am aktivsten gegen Menschenrechte verstoßen, die am stärksten die Ideologie der Terroristen verbreiten?

Übrigens: Wurde in der Debatte um die gerechte Verteilung von Flüchtlingen eigentlich schon mal das Zeltlager in Mina genannt? Zeltlager ist eigentlich das falsche Wort. Genauer gesagt handelt es sich um 10.000 klimatisierte, vollausgestattete Hightech-Zelte mit Teflon-Beschichtung sowie Strom- und

Wasseranschluss. Die Zelte stehen nahe Mekka und können für jeweils zwei Wochen im Jahr bis zu 3 Millionen Pilger aufnehmen. Den Rest des Jahres stehen die Zelte leer. Saudi-Arabien ist dank Ölreichtums eines der reichsten Länder der Erde. Im Land wird die gleiche Sprache gesprochen wie in Syrien. Syrische und saudische Araber sind mehrheitlich Muslime. Die Integration syrischer Flüchtlinge in Saudi-Arabien wäre daher erheblich einfacher als bei uns, wo die Flüchtlinge zunächst die Sprache lernen müssen, wo Sitten und Gebräuche völlig andere sind, wo die konfessionelle Prägung der Mehrheitsgesellschaft eine völlig andere ist. Noch dazu liegt Saudi-Arabien geographisch viel näher an Syrien als Deutschland. Warum sind die Menschen, die vor Terror, Not, Zerstörung und Krieg flüchteten, eigentlich mehrheitlich in Richtung Deutschland und nicht nach Saudi-Arabien geflüchtet? Nach Angaben der Regierung in Riad habe das Land zwar Flüchtlinge aufgenommen, es handelt sich hierbei aber überwiegend um Arbeitsmigranten, von denen beide Seiten profitieren. Es werden nämlich nur diejenigen ins Land gelassen, die vom Arbeitsmarkt gebraucht werden und Kapital bringen. Allerdings wollen die meisten Flüchtlinge auch nicht nach Saudi-Arabien, weshalb dort Szenen wie in Ungarn oder Österreich, wo die Flüchtlinge zu Fuß die Grenze erreichen, bisher nicht bekannt sind. *„Das hängt wohl damit zusammen, dass sie be-*

stimmte Träume haben, wie ihre Zukunft aussehen soll." So drückt es Mohammed bin Amin al-Jefri aus, Sprecher des saudischen Madschlis asch Schura, eines parlamentarischen Gremiums.

Auf jeden Fall scheint das jahrelange Engagement zur Beseitigung der Fluchtursachen, das die Bundesregierung auf ihrer Homepage präsentiert, bei genauerem Hinsehen wie ein zynischer Witz. Schnell wird klar, dass man weder die echten Triebkräfte hinter dem Migrationsdruck verstanden hat, noch eine gezielte Politik betrieben hat, die diesen Druck hätte mindern können. Im Gegenteil: Die deutsche Politik zur Fluchtursachenbekämpfung folgt keinem kohärenten Muster, sondern ist ein Sammelsurium unterschiedlicher, oft widersprüchlicher und kontraproduktiver Maßnahmen, denen kein sinnvoll durchdachter Plan zugrundeliegt. Die von der Bundesregierung genannten Maßnahmen haben in der Vergangenheit eher Fluchtgründe produziert als reduziert.

Offene Grenzen als Sicherheitsrisiko?

Auf die Frage der Redakteure der Berliner Morgenpost, ob sich unsere Sicherheitslage ändere, wenn täglich tausende Flüchtlinge ins Land kämen, antwortete Justizminister Heiko Maas am 19.11.2015: *„Dafür gibt es keinen einzigen Beweis. Deswegen finde ich eine Vermengung dieser Themen unver-*

antwortlich." Gleichzeitig verteidigte er die deutsche Politik der offenen Grenzen wiederholt und vehement gegen jegliche Kritik. Diese kam im Winter 2015/2016 nicht nur von der AfD oder Pegida, sondern von renommierten Migrationsforschern, Staats- und Regierungschefs verschiedener europäischer Länder und namhaften Juristen wie etwa dem Verfassungsrechtler Udo Di Fabio. Der ehemalige Richter am Bundesverfassungsgericht hatte in einem juristischen Gutachten die *„dauerhafte Außerachtlassung geltenden Rechts"* durch die Bundesregierung bemängelt. Das Grundgesetz setze die Beherrschbarkeit der Grenzen und die Kontrolle über die auf dem Staatsgebiet befindlichen Personen voraus. Di Fabio erläuterte weiter, dass Demokratie nur funktionieren könne, wenn ein Staatsvolk mit einem entsprechenden klar definierten Bürgerrecht identifizierbar und in Wahlen und Abstimmungen praktisch handlungsfähig ist. Der Bund sei also aufgrund der fehlenden Kontrollmechanismen an den Außengrenzen und innerhalb des Dublin-Systems *„verfassungsrechtlich verpflichtet (...), wirksame eigene Grenzsicherung an der Bundesgrenze zu betreiben."*

Heiko Maas reagierte harsch und warf den Kritikern der deutschen Flüchtlingspolitik in einem Gespräch mit der FAZ vom 29.01.2016 vor, sie fügten der *„politischen Kultur und dem Recht schweren Schaden zu."* Der erhobene Vorwurf, die

Bundesregierung betreibe in dieser Frage ständigen Rechtsbruch, sei nicht nur sachlich falsch, sondern zudem *„Wasser auf die Mühlen von Pegida und Verschwörungstheoretikern im Internet."* Weiter sagte er: *„Auch ein juristischer Diskurs kann entgleiten und zur geistigen Brandstiftung beitragen."* Mit ihrem Vorwurf, der deutsche Staat achte geltendes Recht nicht, *„bewirken die Wortführer das Gegenteil vom dem, was sie angeblich bezwecken. Sie schwächen die Geltungskraft der Gesetze und erschüttern die Rechtstreue der Menschen"*. Wenn man bedenkt, dass die Kritik an den offenen Grenzen in vielen Fällen detailliert juristisch begründet war und von Autoritäten mit hervorragendem Ruf stammte, war die Wortwahl des Justizministers durchaus bemerkenswert: Wortführer, Pegida, geistige Brandstiftung. Vielleicht waren es solche Reaktionen, die vielen Menschen im Land das Gefühl gaben, man dürfe in Deutschland nicht mehr frei seine Meinung äußern, ohne bei manchen Themen sofort in die rechte Ecke gedrängt zu werden. Aber auch auf der sachlichen Ebene waren Maas' Äußerungen bemerkenswert. Die Politik der offenen Grenzen sei kein Verstoß gegen geltendes Recht, die unkontrollierte Einwanderung von bis zu 10.000 Menschen am Tag sei kein Sicherheitsrisiko. Am 16.11.2015, nur 3 Tage nach den Terroranschlägen von Paris mit 130 Toten, sagte der Justizminister im ARD-Morgenmagazin: *„Es gibt keine Ver-*

bindung, keine einzige nachweisbare Verbindung zwischen dem Terrorismus und den Flüchtlingen. Außer vielleicht eine, nämlich dass die Flüchtlinge vor den gleichen Leuten in Syrien flüchten, die verantwortlich sind für die Anschläge in Paris. Und deshalb ist das, glaube ich, auch völlig unverantwortlich eine Verbindung herzustellen." Woher nahm Maas die Gewissheit, dass nur die guten Syrer flüchteten, die bösen aber dort blieben? Heute wissen wir, dass mindestens drei der neun Paris-Attentäter als Flüchtlinge getarnt nach Europa gekommen sind. Wie französische Ermittler herausfanden, holte Top-Terrorist Salah Abdeslam auf diversen Kurierfahrten IS-Terroristen aus Ungarn ab. Zwei Iraker, die sich mit Sprengstoffwesten in die Luft jagten, sind bis heute nicht identifiziert. Sie waren am 3. Oktober auf der griechischen Insel Leros als Flüchtlinge registriert worden. Auch der mutmaßliche Bombenbauer, dessen DNA in diversen Verstecken der Terroristen und auf Bombenmaterial gefunden wurde, war im Oktober 2015 als Flüchtling getarnt über die Balkanroute und Österreich bis nach Deutschland gereist. Er trat später als einer der Attentäter von Brüssel auf und sprengte sich im Brüsseler Flughafen in die Luft. Auch die Attentäter von Ansbach und Würzburg waren Flüchtlinge. Der 17-Jährige unbegleitete Flüchtling Riaz A. griff mit einer Axt Passagiere in einem Zug an, Muhammad D. sprengte sich auf einem Festivalgelände in

Ansbach in die Luft. Beide handelten im Namen des IS. Ebenso wie der Tunesier Anis Amri, der im Dezember 2016 den Anschlag auf dem Berliner Breitscheidplatz verübte, bei dem 12 Menschen starben. Amri war mit dem Beginn der Flüchtlingskrise über Freiburg nach Deutschland eingereist, nachdem er seit 2011 in Italien gelebt hatte.

Sollte man das Flüchtlingsthema also mit dem Thema Innere Sicherheit vermischen? Nun, natürlich sind nicht alle Flüchtlinge Terroristen. Die meisten sind unschuldige Menschen, viele mussten Schreckliches erleben und haben selbst unter Unsicherheit und Gewalt gelitten. Andererseits scheint aber auch klar, dass viele Menschen, deren Heimatländer auch aufgrund der dort verbreiteten Ideologien, Konventionen und Wertesysteme so große Probleme haben, diese Gedanken und Einstellungen in ihren Köpfen mit über unsere offene Grenze bringen. Im Irak und in Syrien gibt es viele IS-Kämpfer. Warum sollten nicht auch sie nach Jahren des Krieges bei uns ein neues Leben beginnen? Warum sollten sich nur die unbeteiligten, unpolitischen, unschuldigen Menschen für die Flucht und Migration entscheiden? Warum nicht auch demotivierte, ausgelaugte, desillusionierte Kämpfer? Wenn man ein Sicherheitsrisiko hinnehmen möchte, um denen zu helfen, die schutzbedürftig sind, warum wird das dann nicht offen kommuniziert?

Unabhängig davon, welche Meinung man in der Frage vertritt, hat die Vermischung der Themen längst begonnen. Maas und de Maizière planen plötzlich Fußfesseln und monatelange Abschiebehaft für sogenannte Gefährder. „Gefährder" ist aber ein polizeilicher und nicht etwa juristischer Begriff. Es handelt sich lediglich um potentielle Verbrecher, die von der Polizei - eventuell - beobachtet werden. Rein juristisch sind Gefährder aber so lange Unschuldige, bis ihre Schuld vor einem Gericht bewiesen wurde. Diese Tatsache spielt bei den Überlegungen der Minister anscheinend keine Rolle. Besonders verwirrend sind aber die Anfeindungen aus Berlin in Richtung der nordafrikanischen Herkunftsländer. Diese würden Abschiebungen mutwillig verzögern, heißt es. Tatsächlich ist die Sache komplizierter. Im Falle Anis Amris wie bei hunderten anderen hat der deutsche Staat bei der Registrierung und Identitätsfeststellung versagt. Die Behörden wussten nicht genau und konnten vor allem erst spät belegen, um wen es sich bei der entsprechenden Person tatsächlich handelt. Entsprechend war Amri auch mit 14 verschiedenen Identitäten in Europa unterwegs. Tunesien und Marokko hingegen haben von ihren Staatsbürgern in der Regel biometrische Daten und können so die Identität klar und zweifelsfrei feststellen. Eben diese Daten verlangen die Behörden der nordafrikanischen Staaten auch von Deutschland, wenn sie angebliche Staatsbürger zurücknehmen sollen. Da es sich um potentielle Islamisten handelt, die verschiedene Identitäten nutzen und häufig widersprüchliche Angaben zur eigenen Staatsbürgerschaft machen, ist das nur verständlich. Deutschland konnte diese Daten aber bislang nicht immer liefern. Die Nachregistrierung der mit der großen Flüchtlingswelle Eingereisten inklusive Fingerabdruck wurde erst im Herbst 2016 abgeschlossen. Wenn man bedenkt, dass es nicht einmal innerhalb der EU möglich zu sein scheint, entsprechende Daten rasch auszutauschen, sollte man sich über die Verzögerungen der nordafrikanischen Länder vielleicht nicht wundern. Wenn zum Beispiel ein Flüchtling wie der Afghane, der in Freiburg eine junge Frau vergewaltigte und ermordete und der bereits in Griechenland schwere Straftaten und Gewaltdelikte begangen hat, nach Deutschland einreisen kann, die Vorstrafen aber zwischen Griechenland und Deutschland nicht kommuniziert werden, was soll man dann von Tunesien erwarten? Schließlich ist seit dem Vertrag von Maastricht 1992 innerhalb der EU die polizeilich-justizielle Zusammenarbeit institutionalisiert und seitdem stetig weiter vergemeinschaftet worden. Wenn Anis Amri in Italien wegen Körperverletzung, Brandstiftung, Bedrohung und Diebstahl bereits 4 Jahre in Haft war, er aber trotzdem mit der Flüchtlingswelle 2015 weiter nach Deutschland reiste, wie kann es dann sein, dass er im Rahmen des Dublin-Abkommens nicht zurück nach Italien gebracht wird? Wie kann es sein, dass er eine auf Nordrhein-Westfalen begrenzte Duldung erhält, aber dennoch weiter nach Berlin reist und dort seit Februar 2016 – also fast ein ganzes Jahr lang – lebt und sich als Drogenhändler über Wasser hält, ohne dass dies auch nur eine rechtliche Konsequenz hat? Sollte man da nicht lieber bei den eigenen Fehlern ansetzen, anstatt mit dem Finger auf Tunesien zu zeigen? Stattdessen überbot man sich in Berlin aber mit Vorschlägen wie Kürzung von Entwicklungshilfe oder Kappen von gemeinsamen Projekten. Vielleicht täte uns ein weniger poltriges und bescheideneres Auftreten manchmal ganz gut. Vielleicht würden wir dann auch weniger von unseren eigenen Versäumnissen ablenken und weniger Sündenböcke finden, die für unser Versagen herhalten müssen. Erste Voraussetzung für Sicherheit ist – in einer Situation wie der Flüchtlingskrise 2015/16 – eine effektive Grenzkontrolle und die damit verbundene Verhinderung eines Zustroms von einer Million unregistrierter Personen, die mehrheitlich aus Herkunftsländern stammen, in denen Terrorismus, Extremismus und faschistisches Gedankengut ein massives Problem sind. Dies wird umso richtiger, wenn man auch hierbei wieder bedenkt, dass die Menschen alle aus sicheren Drittstaaten zu uns kamen. *Wir* haben Amri über unsere Grenze gelassen, und *wir* haben rein gar nichts unternommen, um seine zahlreichen

Rechtsverstöße bei uns zu ahnden. Dann kam der Anschlag, und dann kamen die Schuldzuweisungen nach Tunesien, wo Amri vor über 7 Jahren aufgebrochen war.

Natürlich sind Flüchtlinge nicht mehrheitlich Terroristen. Viele potentielle Terroristen sind bei uns geboren und aufgewachsen und manche erst im Zuge ihrer Radikalisierung zum Islam konvertiert. Aber mit der Flüchtlingswelle kamen eben auch Terroristen. Verfassungsschutz-Präsident Hans-Georg Maaßen verwies im Februar 2016 sogar darauf, dass der IS die Flüchtlingswelle gezielt genutzt habe, um *„Kämpfer mit Kampfauftrag"* mithilfe gefälschter Pässe gezielt als Asylsuchende nach Europa einzuschleusen. Die mit der Einwanderungswelle gewachsenen Herausforderungen machen sich auch bei den deutschen Sicherheitsbehörden bemerkbar. In einem Schreiben an die Justizminister der 16 Bundesländer bat Generalbundesanwalt Peter Frank im Januar 2017 eindringlich um mehr Personal. Angesichts der steigenden Zahl von Terrorverfahren fehle es an Staatsanwälten und Richtern. 250 Verfahren mit islamistischem Hintergrund müsse die Bundesanwaltschaft aktuell bearbeiten, allein 140 davon gegen 200 Beschuldigte aus Syrien oder Irak. 2014 seien es noch 5 Verfahren gewesen. Die Leistungsfähigkeit der Bundesanwaltschaft sei erreicht, schrieb Frank. Seine Behörde könne die Bekämpfung des Terrorismus und die Verhinderung von Anschlägen nicht mehr gewährleisten. Vorfälle wie in Berlin könnten sich daher jederzeit wiederholen. Mit anderen Worten: Wir schaffen es nicht (mehr).

Es bestehen also sehr wohl Zusammenhänge zwischen der Flüchtlingskrise und der inneren Sicherheit. Wenn diese Zusammenhänge nicht existieren, warum schaffen wir dann nicht gleich alle Grenzen auf der Welt ab? Warum kontrollieren die Staaten sehr wohl, wer auf ihr Territorium einreisen darf? Ja, warum schicken wir eigentlich nicht gleich Flugzeuge und Boote über das Mittelmeer, um die Flüchtlinge abzuholen? So müssten sie nicht ihr Leben riskieren bei der gefährlichen Überfahrt. Außerdem würden wir so auch den Schleppern – auch immer wieder ein gern gewähltes Feindbild – die Existenzgrundlage entziehen.

Nach mehreren von Flüchtlingen oder unter Beteiligung von Flüchtlingen begangenen Terroranschlägen wissen wir, dass unsere innere Sicherheit dadurch, wie die Bundesregierung in der Flüchtlingskrise agiert und kommuniziert hat, Schaden genommen hat. Diejenigen, die dies vorher wussten und verlangten, dass die Bundesregierung ihrer per Verfassung gegebenen Aufgaben nachkommen solle, wurden in die rechte Ecke gestellt. Natürlich wäre es hysterisch, hinter jedem Flüchtling ein Sicherheitsrisiko zu vermuten. Wenn man aber

– wie durch die Grenzöffnung 2015 geschehen – Rahmenbedingungen so verändert, dass Menschen aus Gesellschaften, in denen extremistische Ansichten und gewaltverherrlichende politische Ideologien weit verbreitet sind, ungehindert einwandern können, dann steht am Ende dieser Kausalkette eine potentiell höhere Anzahl von Menschen mit solchen Gedanken und Einstellungen im eigenen Land. Längst ist der islamistisch motivierte Terrorismus zur größten Sicherheitsbedrohung geworden. Rund 850 Salafisten sind von Deutschland in den Dschihad nach Syrien gezogen, 280 radikalisierte Kämpfer sind zurückgekehrt. Bundesweit gibt es etwa 7000 Salafisten. Im Jahr 2015 wurden 549 „Gefährder" in den Akten von Polizei und Verfassungsschutz geführt. 2012 waren es erst 130. Die polizeiliche Überwachung eines Gefährders bindet 25 bis 35 Beamte. Beim Verfassungsschutz sind es 60 Beamte. Bereits im Mai 2015 beklagte BKA-Präsident Holger Münch gegenüber Spiegel Online in Bezug auf die Oberservation solcher Gefährder Personalengpässe. Auch der Vositzende der Polizeigewerkschaft Rainer Wendt sagte bereits Mitte November 2014 gegenüber der Welt am Sonntag: *„Ausgeschlossen ist jedoch, dass alle permanent beobachtet werden. Dazu reicht das Personal bei den Sicherheitsbehörden nicht aus."* Wohlgemerkt, beide äußerten ihre Bedenken noch vor der großen Flüchtlingswelle und vor der Grenzöffnung. Seitdem ist die Zahl der Gefährder nochmals angestiegen. Bei der Polizei hingegen sind die Zahlen der Beamten im Dienst in den letzten Jahren dank Stellenabbau stark gesunken: Laut Gewerkschaft der Polizei sind allein zwischen den Jahren 2000 und 2006 insgesamt 10.000 Polizisten weniger auf den Straßen. Im Januar 2015 beklagte der Vorsitzende der GdP Oliver Malchow, dass in den letzten 15 Jahren bundesweit 16.000 Stellen bei der Polizei weggefallen seien. 2016 leistete die Polizei bundesweit 22 Millionen Überstunden. Das entspricht der Arbeitskraft von 10.000 Polizisten.

An der Sicherheitsdebatte in Deutschland werden auch die möglichen Spätfolgen, die durch die Grenzöffnung für unseren Rechtsstaat entstehen, erkennbar. Unser Rechtsstaat gilt grundsätzlich für alle Menschen, die sich auf deutschem Territorium befinden. Ein funktionierender Rechtsstaat sichert jedem Einzelnen einklagbare Rechte gegenüber den staatlichen Stellen und sorgt gleichzeitig in dem Falle, in dem Rechte des Einzelnen durch staatliche Stellen eingeschränkt werden, für die Wahrung der Verhältnismäßigkeit. Dieser Rechtsstaat kann aber nur innerhalb von Grenzen funktionieren. Ein Beispiel: Jeder Mensch hat in Deutschland das Grundrecht, Asyl zu erbitten. Wenn ihm im Heimatland Tod oder Verfolgung droht, muss der Staat diese Bitte positiv bescheiden. Tut der Staat (Exekutive) dies nicht, kann der Asylsuchende die Ge-

waltenteilung nutzen und den Klageweg (Judikative) bestrei-
ten. Umgekehrt bedeutet dies, dass ein Terrorist aus Syrien
oder Irak, sobald er seinen Fuß auf deutsches Territorium
setzt, auf diese Rechte zurückgreifen kann. Den staatlichen
Stellen ist es fast unmöglich, ihn abzuschieben oder ihn wieder
außer Landes zu bringen. Zwar hat der EuGH im Januar 2017
geurteilt, dass Terroristen das Asylrecht verweigert werden
kann. Wenn der Asylsuchende aber den Klageweg beschreitet,
müssen ihm terroristische Aktivitäten erstmal nachgewiesen
werden. Und selbst, wenn dies der Staatsanwaltschaft trotz der
Kriegswirren in seiner Heimat gelingt: Irak und Syrien sind
keine sicheren Herkunftsländer, sondern Kriegsgebiete. Eine
Abschiebung verstieße nicht nur gegen deutsches, sondern
gegen das Völkerrecht. Es bleibt nur der Versuch, im Rahmen
eines deutschen Strafverfahrens eine vorübergehende Inhaftie-
rung zu erreichen oder die permanente, mit erheblichen Kosten
verbundene Observation und das Glück, den Terroristen kurz
vor Begehung des Attentates zu erwischen und – falls genug
Beweise gesammelt wurden – festzunehmen. Da der Staat es
aber nicht mehr schafft, alle Gefährder lückenlos zu überwa-
chen, muss man eben mit der Bedrohung leben. Wenn nun
aber mehrere Anschläge begangen werden, verlangt die Bevölkerung sehr schnell mehr Sicherheit, die wiederum nur
unter Inkaufnahme einer teilweisen Demontage des Rechts-

staates zu haben ist. Genau dies ist also die Folge vermeintlicher Toleranz und Humanität in der Flüchtlingsfrage. Zum Beispiel wurden im Nachgang der Willkommenspolitik die Rechte von sogenannten Geduldeten beschnitten, die ihre Abschiebung durch ein fachärztliches Gutachten verzögern konnten. In solchen Gutachten wurde den Geduldeten attestiert, dass die Abschiebung aufgrund einer posttraumatischen Belastungsstörung eine erhebliche psychische und körperliche Belastung für sie bedeuten würde. Dies war etwa für Suizidgefährdete, schwer Traumatisierte oder Vergewaltigungsopfer von Bedeutung. Es beendete nicht den Duldungszustand und auch nicht die grundsätzlich bestehende Ausreisepflicht, nur die Abschiebung wurde ausgesetzt. Im Asylpaket II wurde im März 2016 dann festgelegt, dass diese Gutachten fortan keine Berücksichtigung mehr finden. Die Betroffenen werden auch trotz Traumatisierung abgeschoben. Der Rechtsstaat schützt sie nicht mehr vor unverhältnismäßiger Härte der Exekutive. In die gleiche Kategorie müssen auch die Forderungen von Justizminister Maas nach 18-monatiger Abschiebehaft eingeordnet werden. Anderthalb Jahre Haft für Unschuldige, nur weil das Heimatland die Ausstellung von Papieren verzögert? Ist das noch verhältnismäßig? Nein. Jeder, der für einen starken Rechtsstaat eintritt, durch den staatliche Macht gegenüber dem einzelnen Bürger begrenzt wird und ein Höchstmaß an

Rechten jedes Einzelnen sichergestellt wird, muss in einer Situation, wie sie sich im Spätsommer 2015 abzeichnete, auch gegen offene Grenzen eintreten.

Die Gründe für eine Politik ohne roten Faden

Wo liegen also die Gründe für diese Politik ohne roten Faden, ohne klare Richtung, ohne messbare Ergebnisse? Viele Äußerungen aus dem Kabinett der Großen Koalition und auch aus der Opposition deuten dringend darauf hin, dass, wie bereits zuvor erläutert, die globale Migrationsproblematik und die ihr zugrunde liegenden Triebkräfte in den Kreisen deutscher Entscheidungsträger nicht in vollem Umfang verstanden wurden. Auch fehlen historisches Wissen und politisches Verständnis über die geostrategisch so bedeutsame Region des Nahen und Mittleren Ostens, was an der chaotischen Syrienpolitik sichtbar wird. Es kommt aber ein weiterer wichtiger Punkt dazu. Es gibt überhaupt keine klare Definition der deutschen Interessen in dem Themenbereich Asyl und Einwanderung. Entsprechend widersprüchlich sind die Aussagen von Kanzlerin, Ministern oder Funktionären der Oppositionsparteien. Justizminister Heiko Maas (SPD) etwa hat die Flüchtlingskrise wiederholt als große Chance für Deutschland dargestellt. Im Gespräch mit Beatrix von Storch (AfD) in der ZDF-Sendung „donnerstalk" sagte Maas beispielsweise am 26.08.2016: *„Fakten haben die*

AfD noch nie wirklich interessiert. Es ist wirklich kein Geheimnis, dass die Ausländer, die in Deutschland leben, mehr in die Sozialkassen einzahlen, als sie an Transferleistungen erhalten. Das kann man wirklich bei jedem Institut, da muss man nicht bei den politischen Parteien nachschauen." Vermutlich bezog Maas sich dabei auf Presseberichte über eine Bertelsmann-Studie vom November 2014. Wie der Spiegel, die Zeit und andere Medien berichteten, sei bei der Studie herausgekommen, dass Einwanderer dem deutschen Sozialstaat Milliarden an Mehreinnahmen bescherten. Das ifo-Institut wies danach aber darauf hin, dass die Studie falsch interpretiert worden sei, und legte Ergebnisse vor, nach denen Migration die Kosten für die Sozialkassen erhöhte. Auch die Bertelsmann-Studie kam letztlich zu dem negativen Ergebnis: Es ergab sich über die gesamte Zeit ein implizites Finanzierungsdefizit in Höhe von 79.100 Euro je Migrant. Besonders gefährlich sind die Aussagen Maas' angesichts der Gerechtigkeitsfragen, die sich zwangsläufig ergeben. Wenn die monatlichen Ausgaben des Staates für einen *„unbegleiteten Minderjährigen"* bei etwa 5000 Euro liegen, gleichzeitig aber Deutsche nach einem ganzen Arbeitsleben ihre Rente aufstocken müssen, dann bietet das jede Menge sozialen Zündstoff. Vielleicht betreibt Maas also selbst – wenn auch ungewollt und aus Unverständnis der Situation heraus – genau das, was er anderen gerne vorwirft: geistige Brandstiftung. Auch die Aussagen, die Kritiker und Protestwähler seien „Abgehängte" oder litten unter gefühlten, aber unrealistischen Ängsten, sind irreführend. Es ist schlicht eine Tatsache, dass die Flüchtlingspolitik der Bundesregierung und die mit ihr verbundenen Ausgaben in erheblichem Maße Gerechtigkeitsfragen aufwerfen. Und dabei geht es nicht bloß um die Ränder der Gesellschaft, sondern mehr und mehr um den Mittelstand und somit die Staat und Gesellschaft tragende Säule. Nach einer Dekade real stagnierender Löhne kam ab 2007 die Finanzkrise, in der diejenigen, die durch Spekulation gewaltige Einkommen erzielen, vom Steuerzahler für ihre Fehlinvestitionen entschädigt wurden. Allein die Rettung der HypoRealEstate kostete den Steuerzahler 20 Milliarden Euro. Aber die indirekten Folgen der Rettung sind viel gravierender, denn seitdem klaffen Arbeitseinkommen und Kapitaleinkünfte immer weiter auseinander. Arbeit wird entwertet, da aufgrund massiv steigender Vermögenspreise die durch Arbeitslohn zu erzielende Kaufkraft sinkt. Andererseits steigen die Einkommen der Kapitalbesitzer rasant. Da Normalverdiener und Mittelschicht aber nun mal auf ihren Arbeitslohn angewiesen sind, betrifft diese Ungerechtigkeit nicht nur gesellschaftliche Randgruppen. Knapper Wohnraum, steigende Mieten, steigende Preise für Wohneigentum, hohe Risikobelastung des Staatshaushaltes infolge der Eurokrise, dadurch unsichere Renten, spürbare Einschnitte bei Gesundheit und Pflege, zunehmend marode staatliche Infrastruktur. All das spürt mehr und mehr die arbeitende Mittelschicht. Und dann kam 2015 die Flüchtlingskrise, für die der Bund bis 2020 zunächst 93 Milliarden Euro bereitstellte. Die Gesamtkosten von Bund und Ländern betragen allein für die Jahre 2016 und 2017 62,2 Milliarden Euro. Natürlich fehlt das Geld an anderer Stelle. Es kann nämlich nur einmal ausgegeben werden. Insofern ist es ebenfalls irreführend, wenn Maas am 6. Oktober in der Sendung Maybritt Illner behauptet: *„Es ist auch keinem Einzigen irgendetwas weggenommen worden. Das, was wir an zusätzlichen Mitteln aufgewandt haben für die Menschen, die zu uns gekommen sind, ist an keiner anderen Stelle – bei Sozialleistungen oder wo auch immer – jemandem weggenommen worden."*

Auf jeden Fall hat die Bundesregierung es bis heute versäumt, die deutschen Interessen in der Flüchtlingsfrage klar zu definieren. Stattdessen ergibt sich ein verwirrendes Hin und Her der abwechselnden Willkommensgrüße und Abschiebeforderungen. Erkennbar wird das am Beispiel Österreichs, das von Deutschland aus an ein und demselben Tag zuerst für das Durchwinken der Flüchtlinge und später für das Stoppen derselben kritisiert wurde. Was wollen wir denn nun? Mehr Flüchtlinge? Brauchen wir sie gar zur Lösung unseres Fachkräftemangels? Helfen sie uns bei der Reduzierung der Kosten des demographischen Wandels? Oder belasten sie in erheblichem Maße die Staatskasse und verursachen auch hohe indirekte Kosten durch die entstehenden Lücken bei Integration, innerer Sicherheit und Wohnraum? Sind es überhaupt Flüchtlinge, oder eher Migranten? All diese Fragen werden nach wie vor nicht klar beantwortet. Es scheint eher so, als würden sich Regierung und Opposition gemeinsam der jeweils herrschenden Stimmungslage anschließen und diese verstärken. Willkommenspolitik vor Köln, Abschiebeforderungen nach Köln. Warnung vor Vermischung von Flüchtlingspolitik und innerer Sicherheit vor Berlin, Forderung nach Fußfessel und anderthalbjähriger Abschiebehaft nach Berlin. Das Problem ist nicht, wie so oft behauptet, dass die Politiker dem Bürger die Probleme und die Politik besser erklären müssen. Das Problem ist vielmehr, dass die politischen Entscheidungsträger selbst die Probleme nicht verstanden haben und ihre Politik entsprechend fahrig, teuer, unwirksam, ungerecht und nicht nachhaltig ist. Dringend nötig wäre eine ruhige und klare Linie und eine Einsicht in die eigenen Möglichkeiten und Grenzen politischen Handelns.

Alternativen zur Alternativlosigkeit

„Die Welt ist komplizierter geworden. Protestieren und schimpfen kann jeder. Immer nur nein sagen kann auch jeder. Aber so kann man keine verantwortliche Politik machen. So kann man keine Probleme lösen." So oder so ähnlich klingt der Vorwurf, den Kritiker der alternativlosen GroKo-Politik häufig zu hören bekommen. Also, genug der Kritik. Welche Alternativen gibt es zur Lösung der Flüchtlingskrise?

Schluss mit Regime Change und Russland-Bashing

Wir sollten langsam aus der Geschichte gescheiterter militärischer Interventionen gelernt haben und keine Politik mehr unterstützen, die zur Zerstörung von Staaten führt. Dabei müssen wir auch unser Verhältnis zu unserem Verbündeten USA neu justieren. Ein Stückweit ist das unter der Regierung Schröder geschehen, als dieser den Irakkrieg ablehnte und sich auch offen für das Bündnis mit Russland zeigte. Leider wurde diese Politik unter Merkel nicht fortgesetzt. Im Gegenteil: Russland wird hierzulande zunehmend als destruktiv agierender und gefährlicher Gegner wahrgenommen. Nicht nur die völlig einseitige Wahrnehmung der Krimkrise, sondern auch das Zerrbild vom Syrienkrieg hat dazu beigetragen, dass die Beziehungen merklich abgekühlt sind. Die Sanktionen gegen Russland sind einerseits wirkungslos in Bezug auf die intendierten Ziele, andererseits verhindern sie eine erneute Annäherung. Ein weiterer, ganz bedeutender Punkt ist die Ausdehnung der NATO bis an die russische Grenze. Anstatt das Ende des Kalten Krieges zu nutzen und Russland stärker in ein neues Verteidigungsbündnis einzubinden, hat der Westen auf Konfrontation und Durchsetzung des eigenen Gestaltungswillens gegen Russland gesetzt. Das Ergebnis ist ein neuer Kalter Krieg, der geführt wird mit Mitteln der Cyberspionage, mit Desinformationskampagnen und einem Stellvertreterkrieg in Syrien. Hinzu kommt eine beängstigend scharfe Rhetorik. Samantha Power, Botschafterin der Vereinigten Staaten bei den Vereinten Nationen, sagte in einer Dringlichkeitssitzung zum Syrienkonflikt am 12. Dezember 2016 vor den Mitgliedern des UN-Sicherheitsrats: *„Das Regime von Bashar al-Assad, Russland, Iran und deren verbündete Milizen sind diejenigen, die verantwortlich sind für das, was die UN ein Komplettversagen von Humanität nannte. Und sie haben keine Gnade, keine Gnade bei ihren territorialen Eroberungszügen. (...) Sind Sie wirklich unfähig, Scham zu empfinden? Ist da wirklich nichts, für das Sie sich schämen würden? Gibt es keinen Akt der Barbarei gegen Zivilisten, keine Hinrichtung eines Kindes, nichts, das Ihnen unter die Haut geht, das Sie wenigstens ein wenig frösteln lässt? Gibt es nichts, über das Sie keine Lügen verbreiten würden oder das Sie nicht rechtfertigen würden?"* Darauf folgten dann noch Powers Auslassungen über einzelne getötete oder verschüttete, schreiende und leidende Kinder. Die Antwort des russischen Botschafters war ähnlich unfreundlich. Er verglich Powers mit Mutter Theresa.

Wie ein böses Omen wirkt da im Rückblick das Treffen zwischen den Außenministern Hillary Clinton und Sergej Lawrow im März 2009 in Genf. Clinton schenkte Lawrow damals einen großen roten Knopf, der einen Neustart der Beziehungen symbolisieren sollte. Gemeinsam wollten beide gerade den symbolischen Reset-Button drücken, als Lawrow einen Übersetzungsfehler bemerkte: Auf dem Knopf sollte „*Neustart*" sowohl auf Englisch (Reset) wie auf Russisch (Peresagruska) stehen. Im russischen Wort fehlte aber eine Silbe (Peregruska). „*Das Wort hier bedeutet aber: Überladen!*" bemerkte Lawrow, drückte aber dennoch gemeinsam mit Clinton auf den Knopf. Sieben ernüchternde Jahre später scheint es tatsächlich so, als seien die Beziehungen an einem Overload an Erwartungen und Interessengegensätzen zerbrochen.

Das Verhältnis zwischen dem Westen und Russland ist aber nicht nur deshalb so nachhaltig zerstört, weil sich bezüglich aktueller Konflikte unterschiedliche Interessenlagen ergeben. Wenn man Russlands Argwohn gegenüber den NATO-Mitgliedern verstehen will, muss man einen Blick zurück werfen auf die deutsche Wiedervereinigung. Die Sowjetunion hätte damals der Vereinigung nie zugestimmt, wenn nicht Einvernehmen darüber bestanden hätte, dass die NATO sich danach nicht nach Osten ausdehnen würde. Schon der Gedanke, dass die NATO-Mitgliedschaft sich auf das vereinte Deutschland ausdehnen könne, war für Gorbatschow zunächst inakzeptabel. Warum haben die Sowjets also am Ende doch einer NATO-Mitgliedschaft des vereinten Deutschland zugestimmt? Die Antwort lautet: Weil die Russen auf die falschen Versprechen des Westens hereingefallen waren. Der damalige US-Außenminister James Baker hatte am 9. Februar 1990 bei Gesprächen mit Gorbatschow und dem sowjetischen Außenminister Schewardnadse *„eisenfeste Garantien"* versprochen, dass *„weder die Jurisdiktion noch die Streitkräfte der NATO nach Osten verschoben werden."* Die Gesprächsprotokolle sind heute deklassifizierten Akten des State Department zu entnehmen. Baker nannte sein Versprechen „Tutzinger Formel", weil der ehemalige Bundesaußenminister Hans-Dietrich Genscher einige Tage zuvor in der evangelischen Akademie in Tutzing eine Rede gehalten und dort bereits gesagt hatte, *„Eine Ausdehnung des Nato-Territoriums nach Osten, das heißt, näher an die Grenze der Sowjetunion heran, wird es nicht geben."* Der Wandel in Osteuropa und der deutsche Vereinigungsprozess, so Genscher, dürfte *„nicht zu einer Beeinträchtigung der sowjetischen Sicherheitsinteressen führen."*

Schon 7 Jahre später traten dann mit Polen, Tschechien und Ungarn die ersten drei ehemaligen Mitglieder des Warschauer Paktes der NATO bei. 2004 folgten Bulgarien, die baltischen Staaten, Rumänien, die Slowakei und Slowenien. 2009 wurden dann noch Kroatien und Albanien aufgenommen. Das Versprechen wurde also offensichtlich gebrochen. Während die Tutzinger Formel im Westen wenig bekannt ist, verweist Moskau auch heute noch wiederholt auf die historische Lüge. Der Vertrauensbruch kann durchaus als nachhaltig bezeichnet werden. In Bezug auf russische Interessen ist die Ausdehnung der NATO bis an seine Staatsgrenze (Estland, Lettland, Litauen) ein politischer Super-Gau. Entsprechend vorsichtig dürfte man in Moskau heute und in Zukunft sein, wenn der Westen mit angeblichen Versprechen, Garantien oder vermeintlich altruistischen Vorschlägen daherkommt.

Was bedeutet das nun also für Deutschland und sein Verhältnis zu Russland? Erstens sollte man ehrlich sein und das gebrochene Versprechen eingestehen. Statt unter dem Deckmantel der Moral eine antirussische Politik zu verfolgen, wären Selbstkritik und kritische Distanz zur Führungsmacht USA und eine Politik des Interessenausgleichs gewinnbringender. Angesichts der verfahrenen Lage zwischen Moskau und dem Westen wäre es eine Alternative, dass Deutschland seine Rolle als Land in Zentraleuropa nutzt und stärker vermittelt, für die

Einbindung Russlands sorgt, die Interessen Russlands auch im Westen verständlich macht. Stattdessen hat die Regierung Merkel sich sowohl in der Ukraine als auch in Syrien klar gegen Russland positioniert und die Politik des Regime Change und der Staatszerstörung, die unter Washingtons Führung betrieben wird, völlig unkritisch mitgetragen. Ein guter (Außen-)Politiker antizipiert aber immer auch die Interessen der anderen Beteiligten und erkennt die Grenzen seiner eigenen Einflusssphäre. *„Politik ist die Kunst des Möglichen"*, hat Otto von Bismarck einmal treffend gesagt. Und es ist nun mal nicht möglich, durch moralische Schuldzuweisungen Russland in seinen Ambitionen stillzulegen. Im Gegenteil: Die von deutschen Massenmedien gerne betriebene Dämonisierung Russlands und die konfrontative Haltung der Bundesregierung im Falle der Konflikte in Syrien und der Ukraine haben den Vertrauensverlust noch vertieft. Es bleibt zu hoffen, dass weitere Stellvertreterkriege oder gar militärische Auseinandersetzungen zwischen den USA und Russland vermieden werden können. Spätestens seit der Flüchtlingskrise sollten wir begriffen haben, dass die Isolierung Russlands und die Unterstützung für noch so moralisch begründete Interventions-Abenteuer nicht mit unseren Interessen in Einklang zu bringen ist. Ein gutes Verhältnis zu Russland liegt in unserem vitalen Interesse. Schließlich war es gerade das damals noch sehr gute Vertrauensverhältnis zwischen Genscher und Schewardnadse, durch das die Wiedervereinigung in Frieden überhaupt erst möglich wurde. Die Regierung Merkel hat dieses Verhältnis aber sträflich vernachlässigt und so an gestalterischem Einfluss verloren. Auch dort, wo Russland und die USA in Zukunft Stellvertreterkriege führen, werden Flüchtlinge produziert werden. Politik ist die Kunst des Möglichen. Möglich wäre es zum Beispiel im Falle des Syrienkrieges gewesen, Russlands Interessen besser zu verstehen, dadurch seine Entschlossenheit zu antizipieren und den Konflikt nicht weiter durch die Positionierung auf der anderen Seite zu verlängern. Abgesehen davon, dass Russland angesichts der Alternativlosigkeit zu Assad sowieso auf der richtigen Seite gestanden hat. Das soll nicht bedeuten, dass Assads Armee keine Kriegsverbrechen anzulasten seien oder dass Putins Bomber keine Zivilisten getroffen hätten. Solche Dinge geschehen in jedem Krieg auf beiden Seiten, mal mehr, mal weniger. Aber Politik ist die Kunst des Möglichen, und die Kunst ist es eben, eine geschickte Politik zu betreiben, die unter Berücksichtigung der beteiligten Interessen die Lage nüchtern und ohne pseudomoralische Verblendung analysiert, um so im Vorfeld das Schlimmste zu verhindern.

Auch in Bezug auf einen weiteren Aspekt ist die starke Westbindung mittlerweile als ein Problem zu sehen. Aus dem bipolaren System des Kalten Krieges ist leider kein multipolares geworden, in dem viele verschiedene Interessen durch einen Machtausgleich zwischen verschiedenen Regionalmächten parallel existieren und sich gegenseitig begrenzen können. Insbesondere mit Blick auf die militärische Dimension muss man eher von einem unipolaren System sprechen, mit der einzig verbliebenen, übermächtigen Supermacht USA. Washington gibt jedes Jahr etwa 600 Milliarden Dollar für sein Militär aus. Das ist regelmäßig mehr, als die folgenden acht Staaten im Ranking der Länder mit den höchsten Militärausgaben zusammen aufbringen. Um den gesamten Erdball spannen sich über 1000 US-Militärbasen, auf die sie jederzeit zurückgreifen können. Einerseits entsteht dadurch ein riesiger militärisch-industrieller Komplex, der zu gefährlichen Abhängigkeiten zwischen Rüstungs- und Ölindustrie und der Politik führt. Andererseits fehlt im internationalen System eine ausgleichende Gegenmacht, wodurch das ganze System aus der Balance gerät. Aldous Huxley hat es einmal so formuliert: *„Macht ist ihrem Wesen nach expansiv und lässt sich durch nichts beschränken als durch andere Mächte von gleicher oder wenigstens ähnlicher Größe."* Durch ihre unglaubliche Übermacht sind die USA eher zu Abenteuern bereit und verhalten sich quasi wie in einem Machtvakuum. Die auf den 11. September folgenden Diskussionen unter den „Falken" in der

US-Regierung sind hier ein treffendes Beispiel: Der damalige Staatssekretär Paul Wolfowitz, Verteidigungsminister Dick Cheney und andere sahen in der Ausrufung einer Politik der „Präventiv- und Präemptivschläge" ausdrücklich eine Möglichkeit, den Nahen Osten nach ihren eigenen Vorstellungen umzustrukturieren. Das fehlende Gegengewicht, beziehungsweise die einseitige US-Übermacht, wirkt also generell destabilisierend auf das internationale System. Die infolge dieser Situation begonnenen Kriege wirken sich auch negativ auf uns aus, denn Flüchtlingsversorgung und Wiederaufbau bleiben meist wieder an Europa hängen. Es ist daher dringend notwendig, dass Berlin seine eigene Position zwischen den Großmächten neu austariert und endlich wieder zu einer Rolle des stabilisierenden Mittlers zurückfindet.

Flüchtlinge und Asyl: Die eigene Mitte finden

Volker Kauder (CDU) erklärte in der „Hart aber Fair"-Sendung vom 16. Januar 2017, die Grenzöffnung im Herbst 2015 sei eine humanitäre Aktion gewesen, und sie sei richtig gewesen, er stehe dazu. Warum ist es aber *„humanitär"*, wenn diejenigen Flüchtlinge und Migranten, die es am schnellsten bis nach Deutschland schaffen, eine Chance auf Asyl bekommen, diejenigen, die zu spät kommen, aber dann gestoppt werden? Wie *„richtig"* ist es, dabei die vom IS gezielt betriebene

Einschleusung von Terroristen in das Bundesgebiet als Kolla-
teralschaden zu akzeptieren? Muss überhaupt von einer humanitären Krise gesprochen werden, wenn Migranten an der grie-
chisch-mazedonischen Grenze gewaltsam versuchen, die EU
(von Griechenland nach Mazedonien) wieder zu verlassen, um
weiter nach Norden zu gelangen? Setzt die Aussicht auf ein
Leben mit vielen Chancen und in sozialer Sicherheit in
Deutschland nicht gerade die falschen Anreize? Steigen nicht
viele Migranten, die verständlicherweise von ebendiesem
Traum getrieben werden, in die Boote, die dann so häufig
untergehen? Ist es überhaupt moralisch, zuhause die offenen
Grenzen zu propagieren und gleichzeitig dem türkischen
Staatspräsidenten, der gegenwärtig ein laizistisch-
parlamentarisches in ein islamistisch-autoritäres System verwandelt, den roten Teppich auszurollen, damit er die Flüchtlinge bei sich stoppt? Ist es sinnvoll, sich von Erdogan abhängig zu machen, der in Syrien mit den Kurden die aktivsten
Gegner des IS bombardiert? Erdogan, der im Inland eine Politik der Gleichschaltung mit Massenentlassungen und Massen-
inhaftierungen sowie einer Entrechtung des Parlaments verfolgt, die viele von ihm verfolgte Türken veranlasst, in
Deutschland Asyl zu beantragen? Ihn finanziell zu unterstützen und ihn als wichtigen Partner aufzuwerten? Diese Politik
ist doch in höchstem Maße heuchlerisch! Gibt es denn keine

Alternative?

Zunächst sollte man sich klarmachen, dass es – wenn sich die Menschen erst einmal auf den Weg gemacht haben - nur zwei Lösungen gibt: Entweder, man winkt die Flüchtlinge durch, oder man stoppt sie dort, wo sie sich auf sicherem Boden befinden. Da das Durchwinken alle Beteiligten überfordert und nicht zuletzt für die Flüchtlinge und deren Herkunftsländer erhebliche Probleme bedeutet, ist das Stoppen sinnvoller. Das hat die Bundesregierung anscheinend mittlerweile erkannt und den Türkei-Deal unter Dach und Fach gebracht. Man zieht es allerdings vor, die Flüchtlinge dort zu stoppen, wo möglichst niemand etwas davon mitbekommt. Berlin versucht nach innen – mit Blick auf die politische Konkurrenz aus dem rechtskonservativen Lager – die Illusion des rein moralisch motivierten Akteurs aufrechtzuhalten. Dadurch fehlt natürlich das klare Signal an die Migranten, dass sich die risikoreiche und teure Reise nicht lohnt. Für sie zählt vor allem: Wenn sie es erst einmal bis nach Deutschland geschafft haben, werden sie – im schlimmsten Falle mit einer Duldung – auch bleiben können. Und wo ein Wille ist, ist auch ein Weg. Statt über die Türkei verläuft die neue Route nun also über Libyen. Etwa zehn Prozent der Menschen sterben auf dem Weg über das Meer. Und schon betreiben die EU-Staats- und Regierungschefs neue Flickschusterei: Ein Abkommen mit Libyen soll erreichen, dass der durch Bürgerkrieg und NATO-Intervention zerstörte Staat die Migranten noch vor der Küste stoppt. Dabei ist von vornherein klar, dass westliche Werte wie Menschenrechte oder Rechtsstaatlichkeit hier nicht eingehalten werden können. Die vermeintlichen Lösungen sind also immer dieselben. Zuhause propagiert man eine Willkommenspolitik und opponiert gegen jene, die diese Form der Einwanderung kritisieren. Weit weg von zuhause lässt man die Migranten aber gleichzeitig von dubiosen Banden und korrupten, instabilen Regimen stoppen. Diese Lösung ist nicht nachhaltig. Sie versagt am entscheidenden Punkt, indem sie nicht verhindert, dass die Menschen aufbrechen. Solange die Aussicht besteht, ein neues Leben in Mitteleuropa beginnen zu können, werden sich die Menschen südlich der Sahara oder in Westasien auf den Weg machen. Bezogen auf ihre aussichtslose Lage macht es keinen Unterschied, ob man sie auf halbem Weg oder kurz vor dem Ziel stoppt. Ehrlicher, humaner, nachhaltiger wäre es, wenn man sich stärker darum bemühen würde, den ersten Anreiz des Aufbrechens gar nicht erst entstehen zu lassen.

Neben den zwei bereits genannten Möglichkeiten wäre eine dritte Lösung also, dafür zu sorgen, dass die Menschen sich gar nicht erst auf den Weg machen. Dies wird erst dann geschehen, wenn die Migration sich für die Betroffenen nicht mehr lohnt. Denn nach wie vor ist es der zentrale Widerspruch deutscher Flüchtlingspolitik, dass man mit dem mahnenden Zeigefinger der Willkommenskultur auf alle anderen Länder weist, aber gleichzeitig die Hindernisse auf der anderen Seite des Mittelmeeres (in Libyen und der Türkei) verschärft. Man macht es den Flüchtlingen so schwer wie möglich, Deutschland zu erreichen. Wer es aber dann trotzdem schafft, kann einen Asylantrag stellen und alle rechtsstaatlichen Mittel ausschöpfen, um zu bleiben. Das ist eine scheinheilige Politik, die in der hochmoralischen Sprache des „Kampfes gegen Menschenhändler, Schlepper und Schleuser" daherkommt und gleichzeitig eine Willkommenskultur predigt, sich um die Folgen des Hinausposaunens ebendieser aber nicht schert.

Es klingt hart und es ist hart, aber die Lösung der Probleme des Orients und Afrikas liegt nicht in Zentraleuropa. Der Migrationsdruck wird angesichts weiterhin hoher Geburtenraten sowie zunehmender Konflikte um begrenzte Rohstoffe mittelfristig immer weiter zunehmen. Nötig ist eine nachhaltige Begrenzung der Zuwanderung durch eine Reform des Dublin-Systems und eine Verhinderung der Einwanderung über den Weg des Asyls. Besonders wichtig ist dabei eine Abkehr Deutschlands von der falsche Versprechen und falsche Signale implizierenden Willkommenspolitik. Und diese Abkehr müsste auch deutlich nach außen kommuniziert werden. Erst dann können die Außengrenzen der EU wirksam gesichert werden, was im Falle Griechenlands aufgrund geographischer Gegebenheiten ohnehin schwierig ist. Einwanderung müsste erschwert und unattraktiv gemacht werden, Schutz von vorneherein zeitlich (bis Kriegsende) begrenzt werden. Anstatt die osteuropäischen Länder mit Forderungen nach Verteilungsquoten zu verstören, sollte man sich lieber verstärkt um einen gemeinsamen Ansatz der Versorgung von Schutzsuchenden aus Kriegsgebieten nah ihrer Heimat kümmern. Einige dieser Wege hat die Bundesregierung eingeschlagen. Es fehlen aber noch eine klare Linie und ein an nachhaltigen Lösungen orientierter Gesamtansatz.

Förderlich wäre auch eine offenere Auseinandersetzung über die Schwächen des deutschen Asylsystems. Die meisten, die mit der Thematik vertraut sind, wissen, dass dieses System Ungerechtigkeiten am laufenden Band produziert: Diejenigen Migranten, die die passende Story parat haben oder zufällig Staatsbürger bestimmter, gerade prioritär behandelter Länder sind, dürfen letzten Endes bleiben und nutzen das Asylrecht für ihre Einwanderungsambitionen. Und viele derjenigen, die in der Heimat ein echtes Problem haben, dafür aber keine ausreichenden Beweise vorlegen, oder zufällig in einem besonders hart urteilenden Gerichtsbezirk oder bei einer strengen Ausländerbehörde landen, werden abgelehnt oder verbleiben jahrelang in der Unsicherheit einer Duldung. Es ist einfach unaufrichtig, innerhalb dieses Systems die Grenzen für mehr als eine Million Menschen kurzfristig zu öffnen und dann von „humanitären Gründen" zu sprechen. Selbst diejenigen Geduldeten, denen in der Heimat keine politische Verfolgung droht, können sehr oft nicht zurück, weil die Rückkehr für sie und ihre Familie eine Schande bedeuten würde.

Eine mögliche Lösung könnte vielleicht sein, die Asylanträge mehrheitlich in Aufnahmezentren oder Hotspots nah der Heimat stellen zu lassen und sie auch dort schon zu bescheiden. So würde man den Flüchtlingen die riskante Überfahrt ersparen und würde bereits vorher klären, ob ein Hilfeersuchen berechtigt ist. Möglich wäre auch eine Ausweitung des zeitlich begrenzten, subsidiären Schutzes von Kriegsflüchtlingen, die nach Ende des Krieges wieder in die Heimat zurückkehren müssten. Zumindest müsste offener über solche Alternativen debattiert werden – auch und gerade im Interesse der Flüchtlinge.

Notwendig ist aber auch eine Debatte über die Frage, inwieweit wir Einwanderung wollen oder gar brauchen, inwieweit sie uns nützt oder schadet, inwieweit sie in unserem Interesse ist und inwieweit wir uns als Einwanderungsland begreifen wollen. Die immer wieder angebrachte Erklärung, wir bräuchten Zuwanderung, um unsere Sozialsysteme zukunftsfest zu machen, ist irreführend. Einerseits belastet Einwanderung unsere Sozialkassen erheblich, da die Menschen einem ganz anderen Sprach- und Kulturraum zunächst gezwungenermaßen in die Sozialsysteme einwandern. Andererseits kann Einwanderung den demographischen Wandel nicht ausgleichen. Wollte man das Verhältnis von Jungen zu Alten in den nächsten 20 Jahren auf dem heutigen Niveau halten, bräuchte man 32 Millionen Einwanderer. Diese Zahl hat das ifo-Institut 2014 errechnet und sie zeigt, wie notwendig es ist, dass man von der Illusion abrückt, die Alterung der Gesellschaft durch Einwanderung ausgleichen zu können. Auch Japan leidet an einer schrumpfenden Bevölkerung. Dies versucht man aber nicht durch Einwanderung zu bekämpfen. Auch wenn es keine einfachen oder bequemen Lösungen für das Problem des demographischen Wandels gibt, sollte eine Debatte über alternative Wege an die Stelle der staatlich verordneten Alternativlosigkeit treten.

Neuausrichtung der Entwicklungshilfe

„Mehr Geld für Afrika.“ Auf diesen Kern lässt sich die Forderung nach mehr Entwicklungshilfe im Zusammenhang mit der Fluchtursachenbekämpfung meist reduzieren. Doch was hilft den Ärmsten der Armen tatsächlich? Bedeutet mehr Geld wirklich immer auch mehr Hilfe und weniger Armut? Oft stüt-

zen die Gelder aus dem reichen Norden korrupte Regime oder helfen rücksichtslosen Großgrundbesitzern, ihre Palmölplantagen zu erweitern. Viel Geld versickert auch in der Verwaltung unzähliger unterschiedlicher Programme und Projekte, die oft mit den UN-Aktivitäten, Programmen von NGOs wie „terre des hommes" oder „Brot für die Welt" oder mit OECD-Initiativen verschränkt sind. Auch hat die bisherige Entwicklungshilfe weder den arabischen Frühling verhindert noch den jungen Menschen aus ihrer Perspektivlosigkeit geholfen.

Statt also immer nur mehr und mehr Geld für die Entwicklungshilfe zu fordern, würde es mehr Sinn machen, zunächst einmal zu schauen, an welchen Stellen die Industrieländer die Entwicklung der ärmeren Länder aufgrund unfairer Handelsbeziehungen unterbinden. Da wären zum einen die Agrarsubventionen: Rund 40 Milliarden Euro stellt die EU jedes Jahr bereit, um die europäischen Landwirte zu subventionieren. Hinzu kommen nationale Subventionen. Die täglichen Beihilfen für ein europäisches Rind belaufen sich auf etwa 2,50 Euro. Für die Bauern in den Entwicklungsländern, deren tägliches Einkommen meist unter 2 Euro liegt, hat das katastrophale Folgen. Sie können auf dem Weltmarkt nicht mit den europäischen oder amerikanischen Preisen mithalten, die oft weit unter den Produktionskosten liegen. Laut einer Studie der Weltbank würde der weltweite Nahrungsmittelhandel um 17

Prozent zunehmen, wenn die reichen Länder ihre Subventionen abbauen würden. Die Entwicklungsländer könnten ihre Agrarexporte um 24 Prozent steigern. Das würde rund 60 Milliarden Dollar an zusätzlichen Einkommen für die ländliche Bevölkerung bedeuten. Diese Summe übertrifft die weltweiten Ausgaben für Entwicklungshilfe. Und die Subventionen haben noch einen weiteren zerstörerischen Effekt: Der hochsubventionierte Biokraftstoffanbau hat zur Steigerung der Nahrungsmittelpreise und – neben den Unruhen im Zuge des arabischen Frühlings – zu noch mehr Armut und Unterentwicklung in den ärmsten Ländern geführt. Bevor wir also immer noch mehr Steuergelder aus dem Füllhorn der Entwicklungshilfe an korrupte Regime oder mittelmäßig wirksame Projekte in der Dritten Welt sprudeln lassen, sollten wir vielleicht zunächst unsere teuren und ökonomisch wie ökologisch wenig sinnvollen Subventionen zurückfahren. Natürlich wird das die bisherigen Nutznießer dieses Systems zu regem Lobbyismus in Brüssel und Berlin anregen, aber am Ende müssen Politiker das Rückgrat haben, ihre eigenen Entscheidungen zu fällen und auch gegen Widerstände durchzusetzen. Leider fehlt es momentan doch sehr an genau diesem Politiker-Typus.

Auch die Konzentration auf die Förderung des Freihandels in den internationalen Handelsbeziehungen hat sich – insbesondere für die Entwicklungsländer – mittlerweile als nicht hilfreich herausgestellt. Durch die Aufhebung von Handelsbeschränkungen wie Zöllen und Steuern werden die Kleingewerbe in den unterentwickelten Ländern meist durch die viel stärkere Konkurrenz aus den Industrieländern erdrückt. Die großen Konzerne des Nordens haben Möglichkeiten hinsichtlich der Produktion und Finanzierung und des Vertriebs, mit denen die kleinen Familienbetriebe des Südens nicht mithalten können. Sinnvoller wäre es, diesen unterentwickelten Ländern mit ihren „infant industries" eine gewisse Abschottung des heimischen Marktes zu gewähren, bis sie einen Entwicklungsstand erreicht haben, bei dem eine Öffnung zur Konkurrenz auf dem Weltmarkt gefahrlos möglich ist. So haben es die Tigerstaaten Südostasiens praktiziert – und sie waren dabei sehr erfolgreich. Freihandel ist also kein Allheilmittel. Wer das behauptet, redet lediglich den Interessenvertretern der Großkonzerne nach dem Mund. Leider gibt es von diesem Politiker-Typus derzeit allerdings recht viele.

Ein Bereich, für den es sich lohnen würde, mehr Geld auszugeben, ist die Unterstützung von Projekten zur Verhütung und Familienplanung. In den Industrieländern betreiben 70 Prozent der verheirateten Frauen zwischen 15 und 49 Jahren Familienplanung. 60 Prozent verhüten mit modernen Methoden. Vergleichen wir mit einigen Herkunftsländern vieler Flüchtlinge: In Eritrea betreiben acht Prozent Familienplanung, sieben

Prozent mit modernen Methoden. In Afghanistan sind es 21 Prozent und 20 Prozent, in Syrien waren es vor dem Krieg 54 Prozent und 38 Prozent, in Irak sind es 53 Prozent und 33 Prozent. Deutlich erkennbar wird, dass es vor allem um den Zugang zu modernen Methoden der Empfängnisverhütung gehen müsste. Die meisten Frauen in diesen Ländern wollen keine fünf oder sechs Kinder haben, und die hohe Kinderzahl trägt in erheblichem Maße zu der prekären Situation der Familien bei. Selbst in den Industrieländern bedeuten so hohe Kinderzahlen ein erhebliches Armutsrisiko. Wenn wir einen Beitrag leisten könnten, Frauen in den Entwicklungsländern flächendeckend mit Verhütungsmitteln zu versorgen, würden wir gleichzeitig in deren wie in unserem eigenen Interesse handeln. Die Bevölkerungsexplosion könnte gebremst und nachhaltige Entwicklung so erst ermöglicht werden. Auch die Bundesregierung hat diese Zusammenhänge mittlerweile eingesehen und die Mittel in diesem Bereich auf 400 Millionen Euro verdoppelt. Ziel ist, den Frauen in Entwicklungsländern den Zugang zu modernen Verhütungsmitteln zu ermöglichen und so deren Selbstbestimmung zu fördern. Die 400 Millionen Euro gehen in die Gesundheitsversorgung, Aufklärung und Bildung. Angesichts der Breite des Ansatzes sind die Mittel trotz der Verdoppelung aber immer noch recht begrenzt. Eine Konzentration der deutschen Entwicklungshilfe auf diesen wirksamen

Bereich wäre ebenso wünschenswert wie hilfreich.

Diversifizierung statt Zensur der Medien

Die populären Medien sind mit ihrer einseitigen Berichterstattung eine mindestens genauso problematische Quelle von Fake News wie vermeintliche russische Hacker. Anstatt also die Zensur im Internet voranzutreiben, sollte man lieber von den öffentlich-rechtlichen Medien eine kritischere und ausdifferenziertere Berichterstattung fordern. Vor allem sollte die Bundesregierung darauf achten, dass sie nicht ihre eigene Glaubwürdigkeit untergräbt durch das Vertrauen auf einseitige Quellen und die unkritische Übernahme der Sichtweise von Verbündeten, die nicht zum ersten Mal durch dreisteste Lügen aufgefallen sind. Die Annahme, man könne das Problem Fake News durch ein Abwehrzentrum gegen Falschinformationen bekämpfen, dürfte sich schon aufgrund rechtlicher Hürden als Illusion herausstellen.

Den Euro abschaffen

Eine weitere Illusion, die man möglichst rasch aufgeben sollte, ist die der gemeinsamen europäischen Währung. Der Euro hat – entgegen den Behauptungen seiner Fürsprecher – für viel Instabilität innerhalb und außerhalb Europas gesorgt. Er ist und bleibt ein Konstruktionsfehler, denn eine gemeinsame

Währung kann in einem Raum, der durch viele unterschiedliche Wirtschaftsstrukturen und nicht vergemeinschaftete Wirtschafts- und Finanzpolitiken geprägt ist, nicht funktionieren. Die wirtschaftsschwächeren Länder ächzen unter der starken Währung. Die Unmöglichkeit, in nationalem Rahmen abzuwerten, vertieft die Krisen in Italien, Griechenland oder Spanien. Laut einer Studie der International Labour Organization lag die Arbeitslosigkeit der 15- bis 24-Jährigen im Jahr 2014 in der Europäischen Union bei 25 Prozent. Dabei sind wirtschaftsstarke EU-Länder wie Deutschland (8 Prozent) mit eingerechnet. Weltweit lag sie bei knapp 13 Prozent, wobei es sich natürlich in vielen Ländern um äußerst schlecht bezahlte Jobs handelt. Dennoch ist die Arbeitslosenquote in den hochverschuldeten EU-Ländern skandalös hoch.

Die Zentralbank sieht sich gezwungen, mit einer expansiven Geldpolitik auf die durch den Nachfrageeinbruch sinkenden Preise zu reagieren, und druckt Milliarden. Das wiederum befeuert die Spekulation auf den internationalen Finanzmärkten und destabilisiert, wie am Beispiel des arabischen Frühlings erkennbar, ganze Weltregionen. EU-Länder, die den Euro nicht eingeführt und stattdessen ihre nationalen Währungen behalten haben, leiden hingegen nach wie vor nicht unter den Problemen, die uns von den Euro-Befürwortern prophezeit wurden. Eine geordnete Rückkehr zu nationalen Währungen oder zu kleineren Währungsräumen, in denen Finanz- und Wirtschaftspolitik vergemeinschaftet wird und ähnliche Wirtschaftsleistungen die stabile Existenz einer gemeinsamen Währung erlauben, ist der sachlogisch richtige Weg. Das hat nichts mit einer Rückkehr zu nationalen Egoismen zu tun, sondern ist die Korrektur eines grundsätzlichen Fehlers der Vergangenheit.

Manche Dinge lassen sich aus der Logik des Sachverhaltes heraus nun mal besser national organisieren. Dazu gehört die Währung, und dazu gehört die Sozialpolitik. Generell scheinen die deutschen Interessen von der Bundesregierung nur unklar umrissen zu sein. Jedenfalls sind die Aussagen zur Einwanderungsfrage genauso widersinnig wie die Äußerungen, die Merkel im Oktober 2016 im Interview mit der Zeit machte: Man könne natürlich nicht die ganze Welt von einem Tag auf den anderen zum Besseren wenden, sagte Merkel. "*Aber wenn wir deutsche Interessen verfolgen wollen, müssen wir realistischerweise sagen, dass auch das Wohl Afrikas im deutschen Interesse liegt.*" Genau genommen müssten wir sagen, dass auch das Wohl der ganzen Welt im deutschen Interesse liegt. Aber es ist schon notwendig, auch in Bezug auf nationale Interessen nicht dem Größenwahn zu verfallen. Klar ist: Ein gutes Verhältnis zu Russland liegt unbedingt im deutschen Interesse. Die Entwicklung einer Feindschaft zu Russland, gar bis zu einer militärischen Eskalation, wäre die schlimmste Katastrophe, die Deutschland passieren könnte. Unkontrollierte Einwanderung nach Deutschland über offene Grenzen liegt auch nicht in unserem Interesse. Eine weitere Destabilisierung des Nahen Ostens auch nicht. Eine gemeinsame Währung, durch die Europa destabilisiert und gespalten wird, auch nicht. Und in diesem Zusammenhang sehr wichtig ist, dass eine kluge und weitsichtige Politik auf all diesen Gebieten wirklich etwas bewirken könnte. Wenn es um das „Wohl Afrikas" geht, ist das hingegen eher unrealistisch.

Der Euro war von Anfang an ein Fehler, und seine Fehlerhaftigkeit wirkt sich umso zersetzender auf Europa aus, je länger an ihm festgehalten wird. Wenn Politik nicht mehr in der Lage ist, Fehler zu korrigieren, versagt sie. Überhaupt müsste man die eigenen Fehler erst einmal erkennen und sie sich eingestehen, bevor man sie korrigieren kann. Aber genau diese Einsicht fehlt. Anstatt die wahren Ursachen und Triebkräfte hinter den riesigen Problemen der Gegenwart zu verstehen, findet man lieber ganz schnell angeblich Schuldige und zeigt mit dem Finger auf sie. Anstatt die Möglichkeiten und Grenzen des eigenen Wirkens zu erkennen und die Kunst des Möglichen zu beherrschen, schimpft man – moralisch über alle anderen erhaben - aus dem warmen Sessel heraus auf Assad, Putin, Orban, den Populismus oder die Schlepperbanden.

174

Ja, die Welt ist aus den Fugen. Und ja, wir haben es kräftig mit verschuldet. Also nehmen wir den moralischen Zeigefinger am besten schnell wieder runter, besinnen uns auf unsere vitalen Interessen, erkennen die Grenzen unserer eigenen Möglichkeiten und finden endlich echte Lösungen, bevor es zu spät ist.

Literaturhinweise

Broeckers, Michael/Schreyer, Paul: Wir sind die Guten. Ansichten eines Putinverstehers oder wie die Medien uns manipulieren, Frankfurt am Main 2014

Brzezinski, Zbigniew: Die einzige Weltmacht. Amerikas Strategie der Vorherrschaft, Rottenburg a.N. 2015

Collier, Paul: Exodus. Warum wir Einwanderung neu regeln müssen, London 2013

Ganser, Daniele: Europa im Erdölrausch. Die Folgen einer gefährlichen Abhängigkeit, Zürich 2014

Krone-Schmalz, Gabriele: Russland verstehen. Der Kampf um die Ukraine und die Arroganz des Westens, München 2015

Krugman, Paul: Die neue Weltwirtschaftskrise, New York 1999

Luft, Stefan: Die Flüchtlingskrise. Ursachen, Konflikte, Folgen. München 2016

Lüders, Michael: Wer den Wind sät. Was westliche Politik im Orient anrichtet, München 2015

Lüders, Michael: Tage des Zorns. Die arabische Revolution verändert die Welt, München 2011

Scholl-Latour, Peter: Der Fluch der bösen Tat. Das Scheitern des Westens im Orient, Berlin 2015

Scholl-Latour, Peter: Die Welt aus den Fugen. Betrachtungen zu den Wirren der Gegenwart, Berlin 2013

Schweizer, Gerhard: Islam verstehen. Geschichte, Kultur und Politik, Stuttgart 2016

Schweizer, Gerhard: Syrien verstehen. Geschichte, Gesellschaft und Religion, Stuttgart 1998

Weissman, Alan: Countdown. Hat die Erde eine Zukunft? New York 2013

Ziegler, Jean: Die neuen Herrscher der Welt und ihre globalen Widersacher, München 2002

Zeitfracht Medien GmbH
Ferdinand-Jühlke-Straße 7
99095 Erfurt, Deutschland
produktsicherheit@kolibri360.de